牛娃修炼指南！

刻意练习

让孩子更优秀

杨飞龙◎主编

航空工业出版社
北京

U1003344

内容提要

美国的安德斯·艾利克森博士提出了一种“刻意练习”法，现在这种方法风靡全球，本书对这一方法的解读更加轻松有趣，分析更加全面深刻，再加上可爱幽默的配图，相信读者会更容易理解和运用这种高效能的方法。

图书在版编目（CIP）数据

刻意练习让孩子更优秀 / 杨飞龙主编 .-- 北京 : 航空工业出版社，2024.11.--ISBN 978-7-5165-3851-7

I. G78

中国国家版本馆 CIP 数据核字第 2024V54P84 号

刻意练习让孩子更优秀

Keyi Lianxi Rang Haizi Gengyouxiu

航空工业出版社出版发行

（北京市朝阳区京顺路 5 号曙光大厦 C 座四层 100028）

发行部电话：010-85672688 010-85672689

艺堂印刷（天津）有限公司印刷　　全国各地新华书店经售

2024 年 11 月第 1 版　　2024 年 11 月第 1 次印刷

开本：787×1092 1/16　　字数：131 千字

印张：11　　定价：58.00 元

前言

你是否想在某些方面超越他人，成为这方面的佼佼者？

你是否想成为某一行业或某一领域的专家？

你是否想不断进步，让自己一直保持优秀？

如果你的答案都是肯定的，那你就需要不断地练习，但并不是简单地练习，而是刻意练习。

所谓的简单练习，是指一些目的不明确、计划不系统和方法不科学的练习，这样的练习即使重复百次、千次、万次，也没有什么意义。与简单练习不同的是，刻意练习不是简单的重复，它是目标明确、计划合理、方法科学的练习，是真正意义上让我们变得更优秀、更强大的练习方法。

有些同学说，我每天都要练字半小时，再加上写各科作业两个小时以上，算下来每天用来写字的时间就要接近三个小时，每天放下笔的时候，手酸得都要掉了，可是我的字写得还是一团糟，总是被老师评“差”。为什么会这样？难道是我不够努力吗？

还有同学说，妈妈每天都让我练琴，放学一进家门就开始练，每天最少练一个小时，可是钢琴老师还是说我的进步太慢，我在想，是不是我根本就没有这方面的天赋呢？

老师和家长都说我很聪明，但干什么都没有耐心，坚持不了多长时间。其实我也想认真做好一件事，但就是感觉对任何事的兴趣都只能维持很短的时间，我到底该怎么办呢？

……

以上问题听上去是不是很熟悉？我们自己，或者我们身边的同学都经历过类似的事情。这些问题很常见，却不能因为常见而忽略它们，相反，这恰恰说明这些问题已经对我们造成了很大困扰，如果能够有一种科学而有效的方法帮我们解决这些问题，那这种方法一定会受到大家的热烈欢迎。

“刻意练习”就是解决如上问题的重要工具。美国的安德斯·艾利克森教授是“刻意练习”的提出者。他告诉我们，刻意练习是一种有目标、有计划、有反馈的练习，还需要优秀导师的帮助以及走出舒适区、不断挑战自己的勇气等。

现在，很多人都在讨论“刻意练习”这一话题，刻意练习的方法适用于许多行业和领域，中小学生尤其需要这种科学的学习和练习方法。但对于中小学生来说，很多人讲述的有关“刻意练习”的方法有时复杂难懂，不能被很好地理解和使用。基于这样的现状，我们便有了出版这样一本书的想法。

本书尽可能用更轻松的方式、更简明的方法和更吸引人的插画来呈现，目的就是让读者既能轻松阅读，又能学到“刻意练习”的真谛。希望本书能让读者读起来轻松愉悦，用起来得心应手！

目录

第二章 “有目的”地练习，远离“天真的练习”

第三章 方法对了，努力减倍——做个贪心的孩子也没错

第一章

什么是刻意练习——大脑也要升级打怪

不知道从什么时候起，“刻意练习”竟然成了流行语。那到底什么是刻意练习呢？如果坚持刻意练习，它能为我们带来哪些改变呢？想知道答案，就让我们从本章开始“刻意练习之旅”吧！

欢迎乘坐“刻意练习”号列车，在身体采取行动之前，让我们的头脑先一步出发吧！

1. 为什么学霸能力超群，而我却普普通通？

为什么同样的老师授课，班上有的同学几分钟之内就能背下一篇课文，而有的同学甚至花几个小时都做不到这一点呢？刚出生的时候，大家几乎都是零知识、零技能的“小白”，为什么后来有的人智商“爆表”、能力超群，被人们称为“天才”，而有的人则庸庸碌碌、普普通通呢？

我也想好好学习，可是不知道从哪里开始。

难道我真的四肢不发达、头脑很简单吗？

我好羡慕他，我也想成为那个人人都夸的“牛娃”。

我怎样做才能成为牛气冲天的——“牛娃”呢？

难道我们身边那个“超能学霸”真的是个“天才”？他天生就智商高？哦，不，在下结论之前，你不妨先看看下面这个故事。

从前有一头牛，刚出生的时候，并不能像其他小牛一样很快学会站立和行走。因此，它被周围所有牛称为“笨牛”。

后来，它努力练习，虽然比其他小牛发育要缓慢一些，但是最终也学会了站立和行走。可是，它想要的不只是这些。于是，它沉下心来努力地锻炼自己身上各部位的肌肉：胸肌、腹肌、小腿肌、大腿肌、臀肌……

最后，它成了方圆百里性格最勇猛、身体最强壮、力气最大的牛，这时所有知道它的牛都称它为“神牛”！

大师赋能区

刻意练习、极致重复是通向天才的路径

上面的小故事内容很简单，蕴含的道理也并不高深，而且生活中这种由弱转强、由差到优、由普通到出色的实例比比皆是。但是，道理虽浅，要想成功实现这种转变却很难，这需要一个长期努力的过程。“刻意练习”学习法，就是可以帮助我们实现这种转变的一种非常有效的方法。

“刻意练习”学习法的提出者安德斯·艾利克森博士说：“刻意练习就是一种有目标的练习，是朝着目标方向，不断反馈、反复修正，最终突破自我，达成目标的系统性方法。”

安德斯·艾利克森博士认为，无论是所谓的“天才”，还是普通人，每一个人的身上都潜藏着巨大的能量，只要通过适当的方法，勤加练习，普通人也可以成为天才。

天才加油站

刻意练习，让你也拥有卓越的能力

安德斯·艾利克森博士曾经专门对运动员、音乐从业者、医学从业者、教育从业者、棋类从业者等多个行业、领域的人们进行过深入的研究，著名的宝藏级音乐家莫扎特也是他的研究对象之一。

莫扎特不仅从小在演奏乐器方面展现出了令人瞩目的才能，更是在年幼时就能准确地辨别出各种乐器演奏出来的音调，这种才能在音乐界被称为“绝对音高”或“完美音高”。据说，世界上只有

万分之一的人具有这种能力。

可是，日本一位名叫榊原彩子的心理学家曾做过一项实验：实验对象为 24 个 2 至 6 岁的儿童，在经过一年多的训练之后，这 24 名儿童全都掌握了“完美音高”这一能力！这表明，只要经过科学的训练，大多数普通人也可以像所谓的“天才”一样具备出色的能力。

划重点

所谓的天才并不是天生就具有特殊的能力。

普通人通过练习也可以跨级成为人人羡慕的牛人。

刻意练习就像是一种可以帮助我们不断升级的阶梯，认真学习这种方法会帮我们的大脑迅速升级。

如果我们有目标、有野心，想要让自己变得更强大，那就跟着刻意练习的阶梯一步一步向前走吧！

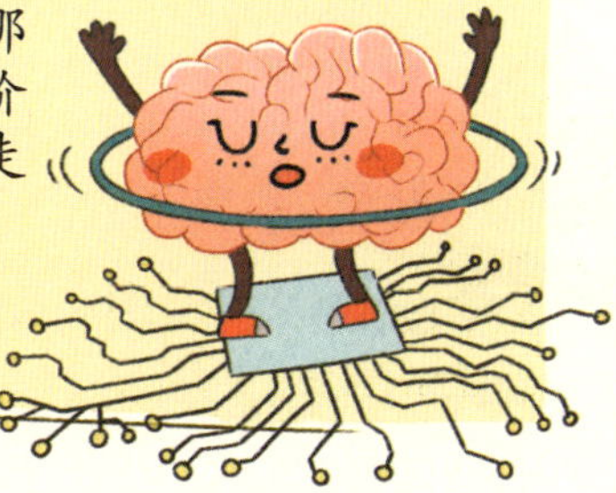

2. 明明我很聪明，但为什么考不了高分？

我们经常听到一些老师提醒家长：“你的孩子很聪明，但是上课不认真听讲。”也常常看到一些家长指着作业质问孩子：“这些题明明很简单，为什么还是错这么多？为什么就是考不了高分？”

在教室上课时，外面操场上别人做游戏的声音真的很诱人。

写作业的时候，心里一直惦记着电视里的动画片和手机里的小游戏。

老师讲课的声音听起来真的让人觉得困倦，小鸟的叫声却那么令人愉悦。

有时眼睛看看这里，手动动那里，时间不知不觉就过去了。

其实，每次听到老师或父母的指责和抱怨，孩子心里可能都隐藏着一种声音，那就是：我也想认真、专注地学习，可是谁让外界的诱惑那么多呢？老师和家长说的很多道理我们都懂，可就是管不住自己，那该怎么办呢？

这种感受大概和一些喜欢上班“摸鱼”的成年人差不多吧！也许可以这么说，现在在学校里不会主动、专注地投入学习的孩子，大概若干年后就是各行各业里那些无法取得更高成就的成年人。

啊，想想真可怕！我们以为自己只是暂时的不专注，只要有着远大的理想，自己的前途依旧可以一片光明，谁能想到会因此当一辈子咸鱼呢？

也许有人觉得这样说有些过于严重了，但生活中的很多人，之所以无所成就，充满烦恼，不就是因为自己想要的太多，付出的却太少吗？

大师赋能区

刻意练习不是无脑努力，而是大脑升级

意识到努力的重要性，这很重要。如果能够持续不断地努力，是否意味着我们迟早能走向成功呢？几乎所有的励志大师都说过：“坚持到底就能成功。”但事实上真的是这样吗？

我们不能否认熟能生巧的意义，可是一些头脑清醒的人一定会产生这样的疑问：如果练习的时间和取得的成绩能够成正比的话，那人们要想变得比别人更加优秀，只要比别人休息的时间更短不就可以了？事实上，在任何领域，想要取得成功都没有这么简单。

刻意练习的法则告诉我们：刻意练习不是简单地投入时间和精力，更不是每天让自己练习到身心俱疲，而是要学会主动、持续地为自己的大脑升级。

天才加油站

方法有效，也需坚持才能进步

知识技能的提高不等于时间的累积和简单的练习。也就是说，并非你练习的时间越长，取得的成就就越大。

同样以前面提到的榊原彩子的实验为例：只有经过刻意练习的人，才能在一年之内像莫扎特一样拥有能够准确识别任何音高的能力；如果没有这种专业且专注的练习方式，即使练习三年、五年，甚至十年、二十年也无法具备这种能力。

曾经风靡一时的“一万小时定律”，认为一万小时的锤炼是任何人从常人变成大师的必要条件，但实际上这种说法并不严谨。尽管持续不断的努力非常重要，但这种努力需要两个更加重要的前提，那就是专注地投入练习和专业的练习方法。

这正如每天练习弹钢琴的人很多，但是莫扎特式的音乐家却并不多见。也许有人会说，这与天赋有关。不，大多数情况下，它与我们的专注程度和练习方法紧密相关。刻意练习就是一种能够让我们从普通人提升为卓越者的有效方法。

我想成为一名宇航员。

我决定每天都坚持体能训练，迟早有一天，我能入选宇航员。

跳跃练习第 ×× 天，树上的小鸟怎么不见了？

跳跃练习第 ×× 天，马路两旁飘来的烧烤味道可真香啊！

啊，宇宙飞船已经发射成功了！

为什么你们飞上太空不带我，明明我努力了那么久。

划重点

缺少方法、目标和专注度的努力不会让你真正地出类拔萃。

专注力和科学的方法，再加上持续的努力，才是刻意练习的精髓，这几个要素缺一不可。

如果只是简单地投入时间和精力就能取得成功，那成功未免太容易了。

刻意练习是让我们不断突破原本就很优秀的自己，而不是让我们重复昨天的自己。

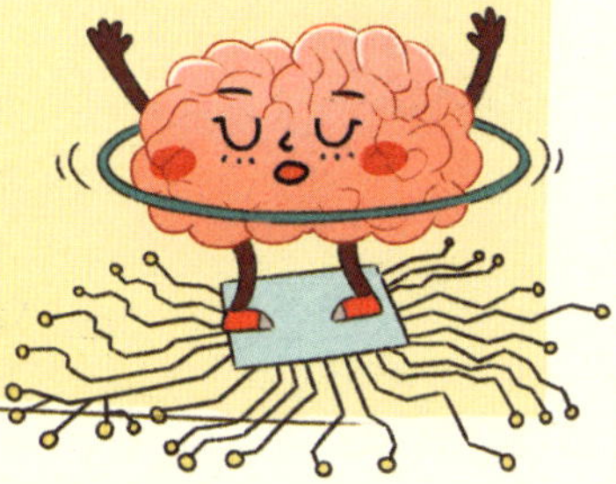

3. 焦虑又内耗，我该如何自救？

网络上流传过这样一句话：理想很丰满，现实很骨感。

这句话引起了很多人的共鸣，比如想要成绩优秀的学生，还有希望事业有成的上班族等。

事实上，很多人在学业或事业上难以取得成就，并不是因为他们不思进取。相反，他们看过很多书，做过很多尝试，可结果却往往不尽如人意。问题到底出在了哪里？

也许是因为他们太过于焦虑引起内耗，只顾着抱怨理想与现实之间的差距，却没有认认真真地走好脚下的路。

大师赋能区

目标、行动、坚持，缺一不可

刻意练习就是让我们既要树立远大的目标，也要走好当前的每一步，并确定所走的每一步都是为了让自己能一点一点地更接近目标、突破自我。这样做了之后，我们就会发现，原来在不知不觉中我们已经变得很棒了。

有些人可能会说，确定树立远大目标的时候，内心的确是十分振奋的，但实现目标的过程，却又极其艰辛，很多时候都会遭遇许多挑战、陷入诸多困境，当然也少不了面临无数次的失败。每当这种时候，自己就觉得很难坚持下去。

遭遇挑战、陷入困境、面临失败时，那种挫败感的确很难让人打起精神，我们会怀疑自己树立目标时的初心，甚至怀疑一直以来的坚持和选择是否正确。

当出现消极情绪时，我们不要过多苛责自己，要试着接纳这些坏情绪。不过，也不能任由自己被坏情绪所掌控。不妨从另外一些角度去看待这些挑战与失败——至少我们从中汲取了教训和经验。在此基础上，借机适当调整自己的行动方向。

除此之外，我们还可以通过寻找导师、调整学习方法、调查研究并努力练习等方式，进一步提升自己对抗挑战的能力。当挺过一个又一个的难关后，我们就会发现离目标越来越近了，随之而来的还有一个全新的自己。

天才加油站

天才也不是天生的，天赋与努力同等重要

安德斯·艾利克森博士告诉我们，在没有经过刻意练习之前，很少有人会在某些领域显示出所谓的“天赋”，只有经过足够长时间的潜心挖掘，人们的才华才能得以充分展现。

著名歌手麦当娜在一次采访中说，她并非天生就会唱歌，只是习惯在每一次上台表演之前，无数次地看自己之前的演出视频。只要发现不满意的地方，她都会想方设法地努力改善，直到没有问题为止。靠着这种方法，她从一个默默无闻的歌手成为令人瞩目的“天后”。

我们本来就很棒，并不比所谓的“天才”差。只是以前没有经过刻意练习，我们的才华没有被挖掘出来而已。所以，即使之前的自己没有那么出色，也不要彷徨、不要焦虑，从现在开始你的刻意练习之旅吧，你会遇到一个很棒的自己。

划重点

不要因为理想与现实的差距太大就低估自己，要善于挖掘自己内在的潜力。

不要小看当下的每一次努力，每天都努力一点点，持之以恒我们就会不断进步。

你想要在哪方面做出成就，那当前就在哪方面进行规划，并开始认真练习。

人们的大脑和身体都具有适应能力，只有在足够长的时间内，进行正确的练习，才会取得应有的成就。

4. 刻意练习从什么时候开始好呢？

一位刚刚参加完学校艺术节的大一新生打电话对妈妈说：“谢谢您让我从小时候就学习了一门乐器，我现在才感觉到有些技能真的是需要从小就坚持练习的。如果长大了再学习，就没那么容易了。”

这位新生代表的并不是个别现象，而是一种很普遍的现象。事实上，不只是乐器，很多知识和技能都是越早开始学习，效果越好。

正如安德斯·艾利克森博士所说，将一根新长出的幼枝稍折弯一点儿，树枝的生长位置就会发生非常大的改变，而已经长成的树枝即使被折弯，受到的影响也微乎其微。

大师赋能区

年纪越小，大脑的可塑性越强

无论是心理学的相关研究，还是各行各业的教师、教练们的亲身实践都表明，许多知识与技能的培养都是年纪越小，效果越好，

而且对人们未来的影响也越大。这是因为年纪越小，人的大脑和身体的适应能力就越强，随着年龄的增长，大脑和身体的适应能力都会逐渐减弱。

安德斯·艾利克森博士曾深入研究过许多被人们认为是天才的神童，最后发现，他们都是从幼年就开始了针对某种才能的大量刻苦训练，才被因此认为拥有这种天生的“才华”。因此，许多心理学家和教育学家都提倡，学习要趁早。

天才加油站

别嫌年纪小，当下开始刻意练习

沃尔夫冈·阿玛多斯·莫扎特 1756 年出生于奥地利的萨尔茨堡，到 1791 年逝世，他的人生一共只经历了的 35 年。然而，在这短短的 35 年里，莫扎特却完成了 600 多部（首）不同体裁与形式的音乐作品。他是古典主义最著名的作曲家，也是维也纳古典乐派的代表人物之一。直到现在，两百多年过去了，莫扎特创作的乐曲还备受人们欢迎。莫扎特如何能够在仅有的 35 年生命中就取得了如此傲人的成绩呢？

关于莫扎特的成功，他的父亲写过的一本书或许可以解释其中的奥妙。他的父亲曾写过一本如何教年幼孩子学习音乐的书，在书中他提到，在不到 4 岁的时候，莫扎特就开始了音乐方面的训练，其中包括弹奏大提琴、古钢琴、小提琴等乐器。在小莫扎特刚开始练钢琴时，由于年纪太小，坐在凳子上脚都够不着地，双手也要很费力才能够到琴键。莫扎特的父亲还让小莫扎特一边练琴，一边分析和创作乐曲。在 6 岁的时候，小莫扎特就开始练习作曲，8 岁时就已经写出了人生的第一部交响曲《降 E 大调第一交响曲》。到了 1772 年，刚刚 16 岁的莫扎特就被任命为萨尔茨堡的宫廷乐师。

莫扎特的成功与他父亲从小就让他练琴及欣赏和分析乐曲有绝对关系。现在很多家长和老师都意识到了这一点，他们从小就培养孩子的音乐演奏能力。许多事实证明，在音乐领域，从小练习确实比年纪大了练习更加有效。虽然莫扎特的经历并不能代表所有领域的人们，但安德斯·艾利克森博士也曾经说过，对于许多行业和领域来说，刻意练习对年纪较小的孩子影响力往往比成年人更为深远。

总之，学习要尽早，练习也要尽早，学得越早，效果就越好，对未来的影响也会越大。

划重点

小孩的大脑和身体的适应能力比成年人更强，也就是人们说的，年龄越小，可塑性就越强。所以，努力要趁早。

成年人的适应能力和小孩相比，的确更弱一些，但这并不意味着成年人的刻意练习没有用。

年纪越小，经过刻意练习之后，受到的积极影响就越大。但是，只要你想变得更加出色，任何年纪都可以通过刻意练习来改变自己。

虽然今年的你比去年的你长了一岁，但今天的你却比明天的你更年轻。所以，从当下开始，抓紧时间练习，不要再犹豫了。

第二章

“有目的”地练习，远离“天真的练习”

“刻意练习”中包含两个重要的词语：一个是“刻意”，一个是“练习”，二者缺一不可。“刻意”一词中含有“有意识”“有目标”“有方法”等多重意思，其中“有目标”是刻意练习的基础。“练习”必须有目的，只有“有目的”地练习，才会有动力、有效果。

练习之前先要想好自己要实现怎样的目标，否则方向在哪里，动力在哪里，又如何能更专注、更持久地进行下去呢？

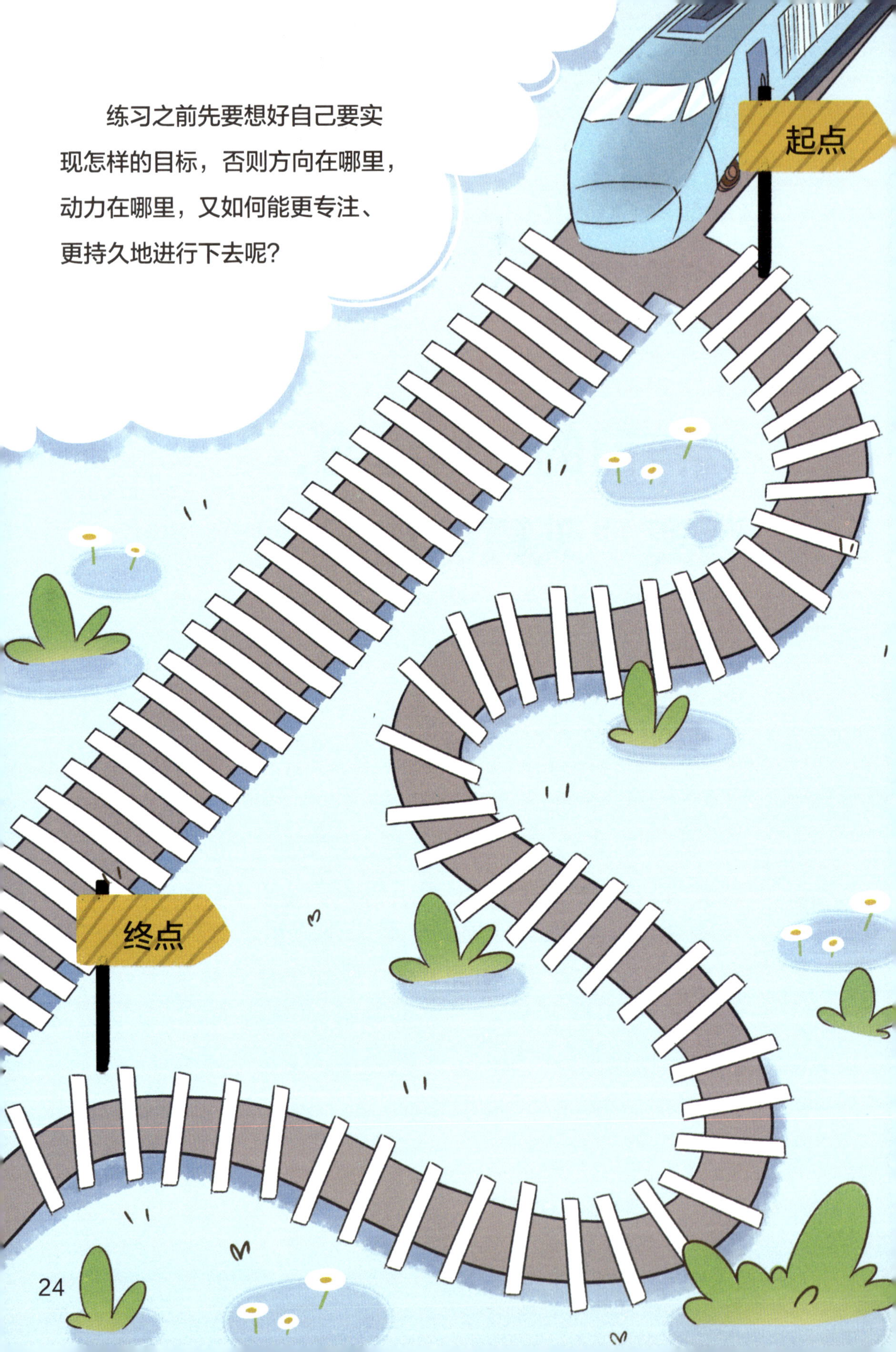

1. 我一直坚持练习，为什么却没达到目标？

有一位母亲，每天都坚持让他的孩子读书，以此让孩子认识更多的字。可是时间长了，她却发现，孩子读来读去，还是来来回回地只认得几十个字，后来甚至停步不前了。这位母亲经过认真观察发现，原来孩子每次都看的都是同一本书，而且每次只看前面读得懂的那几页。母亲问他为什么不往后继续读？孩子说："因为前面的我读得很熟，后面的都不会，读不下去。"

也许，孩子的母亲在最初指导孩子读书时是有目标的，那就是想让孩子认识更多的字。可是对于这个“更多”具体是多少，如何才能实现，却没有认真的考虑和计划。母亲以为教孩子先认识十几或几十个简单的字以后，只要每天读，孩子就会形成认字的习惯，认识的字自然而然也会越来越多。

然而，事实与她想象的截然不同。那么，问题出在哪里呢？是孩子不够勤奋，还是后面的内容太难了呢？显然都不是。造成问题的原因，实际上就是母亲和孩子都没有树立明确的目标，更没有制订相应的认字计划。

你是不是也有过类似的经历？明明自己很努力，每天都在不停地学习或训练，可是在很长一段时间内似乎并没有太大的进步。那么，出现这种问题时，你就要从问题的源头上去考虑了：你真的确定自己的目标是什么了吗？为了实现这个目标，接下来你准备采取哪些行动呢？

大师赋能区

别让低水平的勤奋毁掉你

安德斯·艾利克森博士认为，光是埋头努力、反复去干一些重复的事情，这种练习只能称为“天真的练习”，任何人都不能靠这种练习去提高自己的能力和水平。

有人会说，自己想要记更多的单词、弹奏好听的乐曲、在考试时得更高的分数，难道这些不算是目标吗？

不，不，不，这当然不能算是目标，只能算是一些想让自己变得更好的想法。目标必须是明确的、具体的、特定的，而且一定要有相应的行动计划来配合。如果还有人不明白美好的想法与具体的目标之间有何不同，就看看下面表格中的内容吧！

美好的想法	具体的目标
我想演奏出更多的优秀曲目	每个月练习一首优秀曲目，每天练习时要做到至少连续三次弹奏同一曲目时不再出现任何错误，弹奏的水平要每两周达到一个新标准
我要记住更多的英语单词	每个学期记会学校要求会写和会读的单词，每天至少记20个单词，并复习前三天学过的单词，每周进行一次单元复习

续表

美好的想法	具体的目标
我要会用很多很多成语	一年内弄懂200个成语的意思，并做到活学活用。每天查清楚一个新成语的意思和用法，并复习前一天的成语。每周进行一次小测验，用学过的成语写一篇作文，或和同学进行一次成语游戏
我要学会跳绳	三个月内做到每分钟跳120次。每天按照教学视频打卡练习，一周内先学会每次连续跳绳5次不中断，一个月内达到每次连续跳绳50次不中断……
我要强身健体，不再总生病	每天户外锻炼身体的时间要达到1小时以上；每天按时吃饭，计划在两周内戒掉零食……

天才加油站

刻意练习的根本——强烈的目的性

每个领域，都有许多出色的人物。这些人物，我们或许知道，或许不知道，但他们都有一个共同的特点，那就是做事目标清晰、计划周全、行事果断。其中，拥有清晰而科学的目标是最重要的一项，也是所有优秀者取得成功的基础。

飞机的发明者莱特兄弟，从小就十分向往在天空中自由翱翔，他们兄弟二人把“像鸟一样在天空中自由飞翔”作为自己的人生目标。虽然在那个时代，还没有任何一个人能够实现这个目标，但他们也没有因此动摇过。

为了实现这个人生目标，他们从小就研究鸟儿如何飞行，大量阅读与飞行有关的资料和书籍，长大后又一起选择了与飞行有关的专业。再到后来，即使经历了无数次失败，遭受了人们数不清的嘲笑，他们仍然没有放弃这一目标，最终成功造出了人类历史上第一架飞行器，为世界航空事业做出了巨大贡献。

刻意练习的首要根本，就是要有强烈的目的性。否则，无论再刻苦、再努力，都不能算是真正的刻意练习。

划重点

“天真练习”的实质就是没有具体目标地重复行事，这种练习只会白白消耗我们的时间和精力，却不会让我们取得预期的效果。

任何缺少目的性的练习，都算不上真正的练习，充其量只能算是小朋友式的玩耍。

缺少具体目标的练习，短期内会让人觉得很轻松，因为没有具体的要求，也就没有相应的压力；但长期来看，这种练习反而更让人觉得痛苦，因为你付出了许多时间和精力，可是却始终得不到进步和提高。

要想更加高效地提升自己，并尽早达到预期的练习效果，我们就要尽早确定符合自己的目标。

2. 我的埋头苦干，难道只是“假努力”？

俗话说：“有付出才能有收获。”于是，很多人花费很多时间和精力去干一些事情，可结果却常常让人怀疑人生——许多孩子牺牲休息和娱乐时间埋头苦学，甚至每天都睡眠不足，学习成绩却并不如预期那样优秀；许多上班族即使每天加班到深夜、从不缺勤地埋头苦干，业绩却并不突出……

这些事例十分常见，但我们并不能因此否定努力付出的意义。的确，要想有所收获，就必须先有付出，然而在付诸行动之前，你一定要有与你的目标相匹配的行动计划，如此才能事半功倍。

大师赋能区

走出舒适区，让努力事半功倍

安德斯·艾利克森博士一直强调，虽然熟能生巧有一定的道理，但是并不代表你做一件事情的时间越长，收获的就越多。也就是说，人们

付出的时间和自己所取得的收获可能并不成正比。同样的道理，人们付出的努力，也不可能都与自己的收获成正比。

因此，当明确了学习或工作的总体目标之后，我们就要制订相应的行动计划了。在制订行动计划时，需特别注意以下几点。

第一，最好在老师、教练或其他经验丰富者的指导下制订计划。

第二，在制订计划时，无论数量还是质量，都尽可能地采用一些客观的或比较容易衡量的标准。

第三，行动计划越简单易行越好，比如每日计划可以直接复制前一日的格式，只要把部分内容稍作修改即可。

第四，制订计划不要拘泥于形式，要便于根据实际情况随时修改。

天才加油站

合理分解，让计划更容易执行

按照不同的标准，计划可以分为很多种。比如，按时间划分，可以分为短期计划、长期计划，或每日计划、每周计划、每月计划等；也可以围绕具体某一目标来制订相对应的具体计划，比如，健身计划、学习计划、读书计划等；从形式上来说，还可以分为表格式计划、分栏式计划等。

在实际生活中，我们制订计划要依照个人的学习、工作等情况来进行，尽可能地精简便捷。下面给出一种简单的计划模板，希望能给大家一些提示。

目标	每日	每周	每月
每天锻炼，保持身体健康	6:30 起床后跳绳或跑步 30 分钟	刻意练习跳绳两次，每次 20 分钟，尽量保证每周都有进步	每月进行一次跑步和跳绳的实际测评，记录自己的成绩，如果成绩没有提高，马上寻找改善办法
每天按时完成作业，各科基础知识全部掌握，并想办法攻克难题	写作业前留 20 分钟复习，写作业后 20 分钟内完成预习，确保当天把作业中的所有题目都弄懂，不懂的迅速想办法解决	每周做一套单元卷，做到本单元的知识没有遗漏和不解	整理和分析各科错题，复习各科笔记中总结的重难点知识，针对错题和重难点知识做相应的练习
一年读完 12 本优质图书，提高阅读量，锻炼写作能力	每天至少阅读 30 页规定书目	每周至少保证 4 小时的阅读时间；通过写周记或批注等方式刻意练习自己的书面表达能力	至少读完一本书，并写读后感；和同学组织一场读书会，和大家共同探讨对某本书的看法
每天保持身体和环境的卫生和整洁	洗漱、整理房间 20 分钟	每周留 1 小时的时间大扫除，把自己的物品和房间整理干净	每月末留 1 小时的时间对房间、书包、衣物等进行一次彻底清理，把不需要的衣服、物品清理掉
每天保证充足睡眠	中午 1 小时睡眠，晚上 7 小时睡眠	每周末更早一点儿睡觉，让自己精神饱满地迎接下一周	每月留出一点儿放空自己的时间，可以发呆，可以睡觉
适度娱乐，让自己适当放松身心	每天和家人或朋友聊一会儿天；课间休息时尽量走出教室；每天至少留出 30 分钟做自己喜欢的事情，如画画、拼积木、玩滑板或打羽毛球、乒乓球等	每周和家人进行一次有意义的活动，开心地陪伴家人，或给远方的亲人打个电话	每月和朋友进行一次有意义的娱乐活动，比如爬山、游泳、看电影等

划重点

记住：越详细、复杂的计划越消耗人的精力，越简单的计划越容易执行。

计划要围绕着相应的目标展开，所以在制订计划时，一定要明确自己的目标是什么。

计划的描述要具体，比如“每周锻炼 2 次，每次 1 小时”的计划，要比“多锻炼身体”更容易执行。

日常计划制订好之后，要定期复盘，检查自己的执行情况，否则无论目标再远大、计划再周密，都会只流于形式。

3. 为什么我的计划超完美，却没有实现？

有个孩子的英语成绩一直不太好，他的母亲花了很多钱给他报了“新概念英语”的课程，可是孩子在上了几节课之后却怎么都不肯再去了。母亲只好硬逼着孩子走进教室，可是据老师反映，他根本就不认真听课，课上完全不和老师互动，课下也不完成作业。本来计划得好好的，可孩子如此逆反，到底应该怎么办才好呢？

后来，在专家的建议下，孩子母亲先心平气和地和孩子及授课老师了解情况，这才发现：原来孩子光是应对学校的英语课程就已经很吃力了，“新概念英语”比学校教的内容更深奥，孩子完全听不懂。

后来，这位母亲暂时停下了外面的课程，让孩子专注于课内知识。这个孩子也在老师的帮助下设置了自己本学期的英语学习目标。一段时间后，孩子的英语成绩果然逐渐提高了。

现实生活中，很多人的做法和这位母亲一样，因为太想让孩子取得好成绩，就把目标定得很高，可是最终的结果却与想象相差太远。不了解自己的实际情况，错误设置目标，尽管投入的时间和精力很多，最后的结果也只会让人大失所望。

大师赋能区

你需要的是能让自己坚持下来的目标

有人说，目标就是自己想要实现的理想结果。可是理想是理想，现实是现实，目标决不只是一种美好的想法，更是一种需要结合现实来设置的挑战。它既要具备一定的挑战性，又要具备实现的可能性。

如果目标设置得太低，只要稍稍行动就可以达到，我们就会觉得这种目标缺乏挑战性。这种目标既不会引起我们的兴趣，也不会达到督促我们坚持练习、取得进步的目的。如果目标设置得太高，远远超出自己目前的实际能力和水平，我们就会觉得这样的目标遥不可及，根本不可能实现，因此就会缺乏去努力实现它的信心和动力。

安德斯·艾利克森博士曾经针对人们的记忆力进行过一些实验。通过实验他们发现，如果目标设置得太过高于实验对象本身当下的能力，那么实验者就会屡屡失败，而这些失败的体验会令实验对象缺乏继续坚持努力的信心。当实验对象将目标设置在自己能做到与做不到的界限时，这种目标对他们来说很有挑战性，他们会觉得自己再努力一些就能实现目标。在这些目标接连得到实现后，他们就会更有信心去完成之后的练习目标。

所以，人们在设置目标时一定要充分考虑目标难度的设置是否合理。安德斯·艾利克森博士认为，合理的目标难度应该是恰好处于我们能做到与不能做到的界限。通俗一点儿说就是，目标最好设置在人们站起来跳跳脚就能够到达的高度。

天才加油站

每一个小目标，都能通往大梦想

林肯是美国的第 16 任总统，无论在美国历史上，还是在世界历史上，都拥有十分重要的地位。

事实上，林肯能够成为总统，并且成为一位伟大的领袖，在那个时代很多人看来都是不可能的。这是因为，林肯出身贫寒，而且只上了四个月的小学。这样一位没背景、没学历的“穷小子”是如何成为美国总统的呢？

这一逆袭一方面是由林肯当时的生长环境造就的，另一方面就在于林肯从小到大都对目标有着十分强大的把控力。

林肯生活在美国南北战争时期，从小饱受生活的艰辛，但他始终坚信每个人都应该享有自由和平等的权利。18 岁那年，林肯被一个船主雇用，到达千里之外的新奥尔良，在此他亲眼目睹了奴隶主的野蛮残暴，以及黑奴遭到的残酷折磨。从那一刻起，为千万苦难人发声的愿望就在他心中埋下了种子。

他深知这一目标实现起来十分艰难，于是他便将自己的大目标根据形势的实际发展一步步分解为不同的小目标。比如，无论环境多么艰难，林肯始终坚持自主学习，即使不能在学校读书，他也会阅读大量书籍，并利用各种途径与周围的人学习和交流，这使得他积累了大量的知识与经验。后来进入政治领域，他并不急于求成，而是努力推动一个又一个的相关法案通过，最后终于一步一步地废除了美国的奴隶制度。

从一无所有的穷小子，到克服重重困难进军政界，再到于复杂的政治环境中一步一步地实现推翻旧制度、统一美国的宏伟目标，林肯的成功离不开一次又一次的可实现目标的推动。

划重点

目标设置要科学客观,既要具备挑战性,也要具备可行性。

设置目标时要让自己内心产生一种强烈的动机——通过努力我可以实现,我有这样的信心!

目标与理想的方向是一致的,但实现的进程是不一样的。理想像灯塔,是能在困难时激励人前进的信念;目标是当前的努力方向,可以让自己体验到实现后的成就感。

目标一定要与实际情况相符合。在向目标努力的过程中,可以去和别人竞争和比较,但不能只想着和别人比较而迷失了自己原本的方向。

4. 我也不想让制定目标变成空喊口号

在生活中，我们常常见到一些人做事虎头蛇尾——最开始时，先在朋友圈给自己立下一面大旗：“我要健身，我要狂减 30 斤！”结果呢，第一天，跑步机上挥汗 1 小时，然后发现自己双腿沉重、气喘吁吁。于

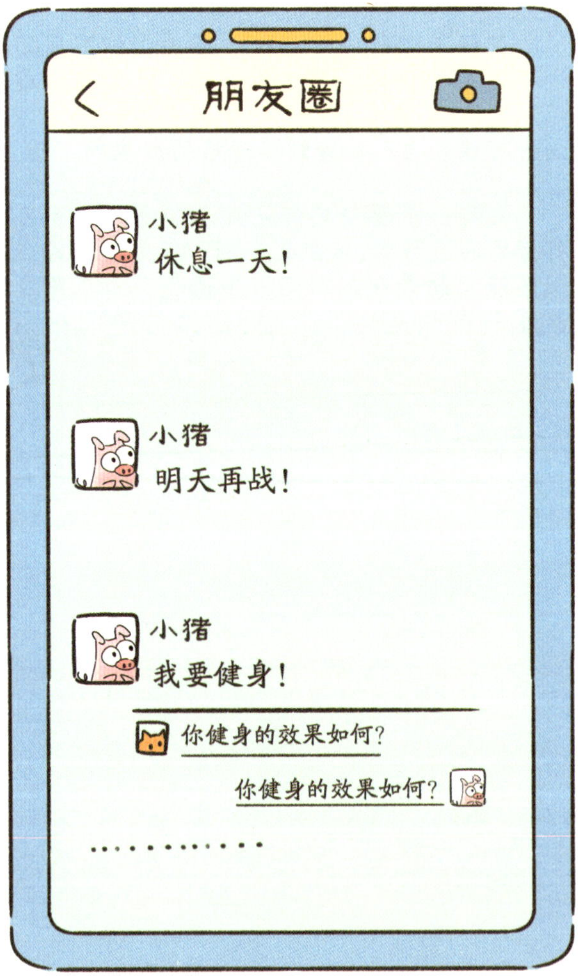

是拍照发朋友圈：明天再战。可第二天一起床却发现，自己全身疼痛，连走上跑步机的勇气都没有了。因此又决定改练深蹲，可是却发现腿实在太疼了，根本蹲不下去。最后，朋友圈的健身场面就只剩下第一天的图片……

很多人在学习时也容易犯这样的错误，偶尔一时兴起只顾痛快地发表豪言壮语，信誓旦旦地表示“不考年级前三誓不罢休”，可是却没有及时把这种难以实现的终极目标进行细化和拆分。最终，自己的豪言壮语只能成为一句空口号。

远大的目标，本身十分激励人心。但是每一个远大目标都不是一蹴而就的，而是需要经过实现无数个小目标一步一步达成的。

大师赋能区

科学拆分，完成好每个“小目标”

如果经过深思熟虑之后，你为自己确定了一个较为远大的目标，那么即使你明知道这个目标难以实现，而且这个目标的实现对你来说确实十分重要，那么就不要轻易放弃。为了更好地实现这个目标，你可以把它进行科学的拆分。

如何拆分目标呢？

首先，一定要由易到难，先从最容易的事情着手，弄明白实现远大目标需要先从哪一步开始。比如，你想制订一个跑步计划，不要一上来就为自己设定跑足5000米。你可以先设一个目标为跑完200米或500米、800米、1000米……

当第一个基础目标实现之后，再一步一步地增加难度，慢慢让自己逐渐适应。这样，你一方面会觉得更有挑战性，一方面也会因为自己的不断进步而更加自信，从而有更强劲的动力去迎接后面更大的突破。

天才加油站

成功从实现小目标开始

曾经有一位获得世界马拉松比赛冠军的选手，在接受记者采访时说：“每次比赛之前，我都要先乘车认真走一遍比赛的线路。当然，我说的走并不只是简单地欣赏沿途的风景，而是要认认真真地把整体的线路走向都记在心间。更重要的是，我还会把每场比赛线路中比较醒目的标志画下来，并深深地记在脑子里，然后把这些标志分别当作一个一个的小目标。比如，第一个标志是银行，第二个标志是一棵树，第三个标志是一幢建筑……”

当记者问他是否和许多马拉松选手一样，产生过中途放弃的想法时，这位选手笑道：“跑马拉松的确是一项非常考验个人意志力的运动，但是当我设定好具体的目标之后，即使跑完几个目标后觉得很累，只要想想下一个目标并不太远，我会先试着把下一个目标跑完再说。结果就这样一个目标、一个目标地坚持下来了。”

其实在运动场上，不只这位马拉松选手是这么做的，很多运动员都做过这样的事情。这些人的成功经历给我们带来了很好的启示：当太大的目标难以实现时，我们不如把这些目标拆分成一个一个的小目标，当小目标逐个实现以后，大目标自然就实现了。

划重点

饭要一口一口地吃，事要一件一件地做，目标要一个一个地完成，不要妄想一口吃成个胖子，目标也一样。

只有当第一个目标实现以后，人们才会有信心去实现第二个目标。如果基础目标定得太高，会让人由于畏难心理而不敢尝试。

每一个目标都要具有衔接性，一个目标完成之后，马上向下一个目标迈进，让自己养成不断向前进步、向上挑战的习惯。

任何一种目标的设定都要符合自身的能力和实际。如果脱离了实际，这样的目标就如同空中楼阁。

设定目标要有打持久战的准备，必须坚持到最后，不能前紧后松，更不能半途而废。

5. 如果目标出现偏差，还要继续坚持下去吗？

期中考试时，小周的语文、英语和地理成绩都位列全年级前 3 名，可是数学和物理成绩却很差，这导致他的总成绩与自己的预期相差很大。当时距离期末考试还有两个月，小周打算在这段时间内加倍努力，争取期末考试时总成绩能进入全年级前 20 名。

一个月后，小周的月考成绩出来了，总成绩并没有显著的变化。小周的班主任在和小周进行了一番沟通之后，才弄明白原因。原来，小周在制定学习目标时，依然把学习的重心放在了自己擅长的科目上，而对自己不擅长的科目，根本就没有明确的学习目标，更不要谈周密的学习计划了。

在与班主任的谈话中，小周才意识到，要想提高总成绩，就要及时补齐短板。当小周重新调整学习目标后，之前不擅长的科目成绩有了显著提高，最后虽然总成绩没有达到预期的全年级前 20 名，但也比之前有了很大的进步。

很多人都犯过和小周一样的错误。会出现这样的问题，是因为很多人在制定学习目标时太过随意，没有根据自己的实际情况进行理性的分析和评估。当目标偏离了自己实际需要奋斗的方向以后，即使我们花费再多的时间和精力，也不可能成功。

大师赋能区

请教有经验的人士，调整你的目标

正如我们之前所说的，符合我们自身发展方向的目标才能起到应有的作用。所以，目标的设置既要具有一定的挑战性，又要符合人们的客观实际，更重要的是方向一定要明晰、正确。

那如果之前设置的目标出现了偏差怎么办？

这时，一定要及时停下来对目标进行检查和分析，如果确定之前的目标设置得确实有问题，那就马上加以调整。

有些人可能会说，可是我不知道应该怎么调整目标，这是不是代表我将来就没办法进步了呢？当然不是。如果你不知道应该如何调整目标，那也不要着急。不妨去向你的老师、家长、教练或其他有能力、有经验的人请教，也可以向更优秀的同学学习。当有意识地对自己的目标进行管理以后，再加上细心观察和虚心学习，你就会逐渐调整好自己的目标了。

天才加油站

用 SMART 原则修正目标

SMART 原则	原则说明	举例
Specific（明确性原则）	目标必须明确、具体，不能模糊、含混	反例：今后一定要努力学习 正例：在期末考试时，总成绩要达到全班前十
Measurable（可量化原则）	目标要有具体的衡量标准，最好能用具体的数字来说明或规划目标	反例：我要考一所好大学 正例：高考时我总成绩要达到 600 分，其中数学、语文、英语要达到 120 分以上，物理、化学要达到 85 分以上，地理要达到 80 分以上
Attainable（可实现原则）	目标不要太高，也不要太低，一定是努力后可以实现的	反例：我要跑全世界第一名 正例：每天跑 1 千米，一个月后每天跑 3 千米
Relevant（相关性原则）	目标要与你的期望直接相关，不能偏离大方向	反例：我想提高数学成绩，所以我的目标是每天写一篇日记 正例：我想提高数学成绩，所以我每天要做 30 道数学题
Time-bound（时效性原则）	目标要有具体的时限，否则便没有意义	反例：我想提高英语成绩，所以我决定以后认真背英语单词 正例：我想提高英语成绩，所以从今天开始，每天花 1 个小时背 30 个单词，10 个句子

以上是目标管理的一些基本原则。在实际生活中，我们应根据不同的领域、依据不同的想法，灵活使用这些原则，尽可能地让自己的各种目标更加合理和科学，才能更加专注地朝着既定目标持续高效地提升自己。

所以，“有目的”地练习，是刻意练习的基础，如果缺少目标，我们就要及早确立；如果目标出现偏差，我们也不必灰心，只要及时调整到正确的轨道就可以了；如果之前的目标已然实现，那我们就要确立新的目标，继续向前。只要生活还在继续，努力也要持续不止！

划重点

目标不是一成不变的，当发现目标与客观实际发生重大偏差时，要及时审视目标。

认真分析并找到导致目标偏差的原因，才能及时采取措施把目标调整到合理的方向。

如果自己找不到原因，或无法科学调整目标，请及时寻求他人的帮助和建议。

保持积极心态，不要因为目标出现偏差就灰心丧气，要相信这只是成功道路上的一次波折，相信自己一定可以克服眼前的困难。

第三章

方法对了，努力减倍——做个贪心的孩子也没错

刻意练习是一种有效的学习方法，掌握了这种方法，不仅会丰富我们的知识和阅历，还能提高我们的学习效率和工作能力——掌握了刻意练习法的人，无论学什么、做什么都会事半功倍。

这样我会跑得更快，效率更高。
你的速度已经够快了，为什么还要改善发动机性能呢？

1. 我们需要的是捕鱼的方法，而不是区区的几条鱼

我们经常听到一些人强调避免“填鸭式教育”，那么什么是“填鸭式教育”呢？

人们常说的“填鸭式教育”是一种传统的教育方式。它只注重知识的传授和记忆，而较少关注学生的理解和应用能力。这种教育方式可能会导致学生缺乏主动性和创造力。

作为接受教育的一方，大概没有人会喜欢这种传统的“填鸭式教育”。然而，在学习过程中，我们是不是有时会主动把自己变成一只张着嘴等着吃鱼的鸭子呢？

尽管几乎没有人愿意承认这一点，但事实正是如此。如果不信的话，你可以去向你周围的人问两个问题。

第一个问题——这个星期你背会了几篇文言文（或几个单词等）？

第二个问题——你有没有思考过自己是怎么背会这些文言文（或单词等）的？有没有想过如何能掌握更快背会它们的方法？

通过提问，你一定会发现，人们往往很容易就能回答出第一个问题，可是对于第二个问题，大多数人会有些懵懂。

为什么会出现这样的情况呢？因为许多人在学习时往往只关注自己学会了多少知识，却并不会进一步思考如何才能提高自己的学习能力。于是尽管很多人总是花费更多的时间、付出比他人更多的努力，可最终的学习效果却并不尽如人意。

大师赋能区　再见了，“填鸭式”学习！

刻意练习是一种与传统的“填鸭式”学习有诸多不同的学习方法，它让我们更注重培养自己的学习能力。也就是说，如果把学习的过程看作是捕鱼，那么刻意练习会告诉我们哪种捕鱼方法更加高效，而不只是给我们送来几条鱼。

除了如何设定明确的目标、制订合理的计划，刻意练习还能教会我们如何才能专注地练习，并通过反馈和调整方式去改进自己的不足；刻意练习还能指导我们如何不断地挑战自己、学习新的方法和技巧、突破自己的瓶颈、走出舒适区；另外，刻意练习还能提醒我们，如何在遭遇困难和失败时坚持努力，保持练习，让自己持续进步。

天才加油站 刻意练习，造就闭环学习高手

刻意练习法告诉我们，要想高效地提升自己的能力，并取得持续不断的进步，只有先前提到的目标和计划是不够的。我们必须找到科学的、适合的练习方法。学会一种知识，的确可以提高我们在某方面的成绩，但如果学会了科学、高效并适合自己的练习方法，则可以让我们在多个方面实现持续进步。

唐代书法家颜真卿酷爱书法，为了让自己的书法功力更进一步，他甚至主动弃官投到当时的书法大师张旭门下学习。颜真卿以为张旭会很快告诉他练字的秘诀，但是张旭只是让他每天看老师和别人如何写字，或者让他临摹字帖。过了一段时间，张旭见颜真卿练字非常刻苦，便告诉他，学习书法不仅要勤学苦练，还要懂得潜心揣摩。

颜真卿悟性极高，他听了张旭的话以后，在刻苦练字的同时，开始不断地揣摩字的结构、下笔的力道以及线条的走势等。后来，他的书法

自成一体，创作出楷书、行书和草书等多种流传千古的书法作品，如被誉为“天下第二行书”的《祭侄文稿》、气势磅礴的草书作品《刘中使帖》等。

刻意练习是一种适用于许多领域的方法，这种方法不只教会人们一些知识，还会训练人们掌握更多知识的能力，同时启发人们如何约束自己、激励自己、挑战自己。

划重点

传统的学习方法更侧重于掌握多少知识，而刻意练习的方法则聚焦于绩效和表现，以及怎样提高绩效和表现。

学习知识固然重要，但掌握各种学习知识的能力、提高学习效率的方法更加重要。

掌握了学习知识和练习技能的方法，会让人们从平凡走向优秀，从优秀变得超群绝伦。

方法找对，事半功倍！找到正确的方法，可以让我们用更少的时间做更多的事，花费同等的努力取得更高的成就。

2. 只要肯努力，不需要别人的帮助也能成功吗？

不管学任何东西，想取得成果，就必须有强大的主观能动性。这句话放之四海而皆准。但是有人并不这么认为，而是觉得只要具有足够强的主观能动性，干什么都会取得成功。

事实真的是这样吗？

如果真的有人这么想，而且还非要坚持只靠自己的一腔努力做事，那只能说这样的人实在太天真了。

无论是学习知识，还是获得技能，如果没有经验丰富的导师或教练的指导和帮助，我们往往会耗费许多不必要的努力。换句话说，明明在导师或教练的帮助下，我们可以少吃许多苦，少走许多弯路，有些人却偏偏要一根筋地坚持自己摸黑向前闯，这实在是太不明智了。

大师赋能区

导师的重要意义

在成长的道路上，自己的努力和勤奋固然重要，但也不能否认师长的指导对我们的重要意义。

首先，老师或教练会在学习和练习的时候帮助我们制订更为科学、合理的学习或训练计划，让我们的学习或练习更有条理地进行下去。

其次，老师或教练的教学经验十分丰富，他们的指导会让我们省去很多不必要的试错成本，节约时间和精力。

再者，老师或教练不仅会在知识和技能上指导我们，还懂得激励人心的方法，可以让我们在遭遇挫折和困难时更有信心渡过难关。

更关键的是，老师或教练指导更加系统，远胜于各种碎片化信息。

现代社会网络技术发达，各种讯息充斥在我们身边。很多人沉迷于网络上那些免费的、碎片化的信息，并乐此不疲地徜徉其中。

碎片化的信息的确可以让我们更方便地获取信息，了解各种各样的知识，却不够全面和深入，往往会导致我们对某些问题的理解出现偏差。而且，碎片化信息会影响我们的专注力，容易让人变得浮躁，不能静下心来思考，这会大幅降低我们的学习效能。

所以，我们平常在学习和练习时一定要与老师或教练积极配合，认真按照他们的要求去努力。遭遇挫折时，及时找他们寻求解决办法。遇到与老师或教练想法不一致的情况，不妨先认真思考，如果觉得自己的想法更合理，可以与老师或教练进行商议后妥善解决。

天才加油站

优秀的导师，会助你光芒四射

无论是学习某种知识，还是练习某项技能，很少有人能达到无师自通的境界。即使许多伟大的人物最后能取得成功，也不光是因为他们自身努力，更源于其在成长道路上遇到的优秀老师或教练。

NBA（美国职业篮球联赛）史上最著名的运动员之一迈克尔·乔丹，因为出色的篮球技术，在高中时就已小有名气。进入大学后，他遇到了著名的篮球教练迪恩·史密斯。迪恩·史密斯教练是出了名的严厉，他对迈克尔·乔丹的要求非常严格，每当迈克尔·乔丹为自己取得一些成就而沾沾自喜时，迪恩·史密斯教练就会告诫他要不断挑战自己；当迈克尔·乔丹陷入瓶颈时，迪恩·史密斯教练又会与他一起研究新的训练方法，帮助他提高技术。在迪恩·史密斯教练的指导下，迈克尔·乔丹不仅成为当时全美最优秀的大学生球员之一，还走向了更大的舞台，成为一名举世闻名的篮球运动员。

划重点

自学成才的道路上，我们要经历许多不必要的冒险和尝试，这会增加我们的学习成本、浪费许多时间和精力。

没有老师或教练的指导，学习很容易毫无条理；经验丰富的老师或教练，会帮我们找到更为高效的学习方法，这是人们提升能力的一种捷径。

碎片化的信息表面上让我们看起来什么都懂，但其实会让我们变得浮躁、缺乏专注力和深入思考的能力，最后变得对什么都只是一知半解。

当自己的想法与老师或教练的指导不一致时，要互相商议，想办法妥善解决。

3. 向别人求助，会意味着我太笨吗？

在学习或工作中，我们经常会遇到一些让自己焦虑的问题：

为什么同样的老师讲课，回家后我也认真复习，可是学习成绩却始终上不去？而有些同学在外面玩儿的时间一点儿都不少，可是他们的成绩却那么好？是因为我太笨了吗？

为什么我比同桌上了更多的补课班，做的练习册比他多一倍，可是最后考试时我还是不如他？到底是哪里出了问题？

我很认真地练习了几年的钢琴，可还是只会来来回回地弹一些简单的曲目，甚至水平还不如几年前。

上面一些问题，很多人都遇到过。遇到瓶颈期时，我们心里可能都会产生疑问：是不是那些优秀的人真的是天赋异禀？不然的话，又该如何解释我现在遇到的困境呢？总之，我该用的方法都用过了，再没有进步，我就只能认命了！

求助不是一件丢人的事

在成长的道路上，自己的努力和勤奋固然重要，但在放弃努力之前，你不妨再好好想一想，你真的把该用的方法都用过了吗？除了自己努力练习、向老师或教练请教，你是不是还遗漏了一个重要的学习途径——向周围的人求助。

有人疑惑：前面不是说老师或教练有丰富的经验，可以帮助我们更加科学合理地提高知识和技能吗？难道周围那些人比老师或教练更专业吗？

周围的人或许没有老师或教练更专业，但向周围人求助也可能让你在瓶颈期豁然开朗。之所以会这样说，原因如下：

集体上课或训练时，你可能由于上课迟到、生病或注意力不集中等原因没有听明白老师或教练提醒的要点。

老师或教练的经验虽然丰富，但也有限，让你感到疑惑的问题，可能老师或教练以前也没有遇到过。

老师或教练教授的方法可能更符合大多数人的共性，但你暂时适应不了。

你在某方面的能力有所欠缺，所以不能全面吸收老师或教练讲解的内容。

天才加油站

到底向谁求助呢？

当遇到如上问题时，我们一定要记得学着向人求助。那么，到底该向谁求助呢？求助时又该注意什么呢？

单独向老师或教练请教

虽然老师或教练会尽可能地关注所有学员，但有时难免顾及不到所有人。所以，如果你发现自己的疑惑没有得到有效解决，就要及时去向老师或教练请教。千万不要因为不好意思而拖着，如果这样下去，问题只会越积越多。

向家中有能力的长辈求助

如果暂时不方便去向老师或教练请教，我们还可以向家中有能力的长辈求助。他们的生活经验、学习能力与老师或教练相比，有时也毫不逊色。

向成绩优秀的同学或学长求助

许多成绩优秀的同学或学长往往有他们自己总结出来的一套高效的学习方法，甚至还有一些非常实用的小窍门。所以，多向这些同学或学长求助，你可能会有意想不到的收获。

向曾经和你一样有过相同问题的“过来人”求助

这些人与你年龄相仿，你遇到的一些难题，他们可能不久前刚刚经历过，更能感同身受，所以他们采取的方法更符合你当下的处境。

向他人求助时要注意态度和方法

在向他人求助时，首先要保持礼貌和尊重；其次，在求助前要多思考，弄清楚自己求助的关键点到底是什么，这样才能在求助的时候清晰准确地表达自己的诉求；最后，要学会倾听和接受别人的建议，让自己的问题及早得到有效的解决。

划重点

向他人求助一点儿都不丢人，而且借助他人的帮助提升自己，恰恰反映了你卓越的沟通力和表达力。

向他人求助也是一种使自己进步的好方法。当遇到问题时，我们可以向老师、教练、家人、同学、学长等人求助。

向他人求助时，要注意态度、讲究方法，这样你的求助之路才能更顺畅，你求助的问题才能更高效地得到解决。

4. 明明做了很多练习，为什么却没有效果？

“我都快把英语书翻烂了，单词背了一遍又一遍，可一看到题目为什么还是两眼发黑、根本不知道填什么呢？”

“我按照老师的建议，把以前做的卷子都钉在一起，每次复习的时候都从第一张卷子开始，一道题一道题地重新做一遍，许多题我都能背得滚瓜烂熟了。可是，为什么以前错过的题，我还会出错呢？”

如果你总是遇到类似的困惑，或许可以从下面的问题中找到答案。

你在背诵英语单词的时候，是不是只知道背诵单词的写法，却没有进一步理解单词的具体含义，更没有花心思去掌握单词在不同情境下的实际用法？

你在用卷子复习的时候，是不是一直在重复做题，会做的题你重复地做了一遍又一遍，而之前做错的题，你还是和以往一样没有找到新的、有效的解决办法？

在回答完上面的问题之后，你可能已经找到了自己想要的答案——你之前只是在机械地、盲目地、重复性地练习，这种练习进行得再多，也不会产生积极的效果。所以说，重复性的、无效的练习是一个大坑，它只是让我们看上去很努力，实际上却让我们始终在原地踏步。

明明做了许多练习，可是这些练习却是重复的、无效的，你自然不会看到有效的、积极的成果。这样的事情虽然是我们不愿意见到的，可现实生活中却屡见不鲜。

大师赋能区

重复的无效练习是大坑

安德斯·艾利克森博士通过大量研究和实践发现，天才是可以练出来的，但刻意练习绝对不是无效的重复练习。

所谓的天才并不是一生下来就具有很高的天赋，那些看上去学得轻松、成绩却十分突出的学霸，一定是掌握了科学的学习方法，并且一直坚持利用更好的方法不断地提升自己。

如果你认真观察就会发现，学霸们绝对不会简单地重复性学习，他们一直在不断地挑战和超越自己。

然而，大量重复性的无效练习是一个很多人都会跳进去的大坑。它意味着我们只是在机械、快速地重复学过的内容，并试图把它们刻在自己的记忆里。这种方式会让人觉得自己已经熟练掌握了知识，但实际上不仅做不到真正的精通，更不会产生持久的记忆。

那些深谙刻意练习法则的学霸，懂得跳出重复练习的舒适区，在练习中集中强化自己的薄弱之处，通过每次的练习获得及时反馈，并进行适时的自我调整。

天才加油站

专注、投入与改变都至关重要

总之，刻意练习应该是有目的、有针对性的练习，避免重复性的无效练习，可以从以下几方面去努力。

百分之百的专注和投入

我们要努力把自己的注意力和精力完全投入正在做的事情上。要想做到这些，既要有强大的意志力，也需要在平时做一些提高专注力的训练，如视觉训练、听觉训练等，还要提前学会排除干扰因素。

练习方式多样化

不拘泥于某种单一的练习方式，要尽可能地采取多种方式去练习，比如，案例分析、实际操作、小组讨论等，这样可以增加学习的趣味性和提高学习的效果。

积极寻求反馈，不断修正练习方法

积极主动地寻求老师、同学或其他专业人士的反馈，这样可以更加全面深入地了解自己的学习情况，一旦发现自己做了无用功或效率低下，就要马上调整练习方法。

划重点

知识的掌握和技能的提高需要一定程度的重复，但任何高效的学习都不只是简单的重复，这一点我们必须时刻谨记。

刻意练习本身就是目的性和针对性极强的练习方法，掌握这一方法可以让我们避免陷入重复的、无效的练习大坑中。

没有人一生下来就是天才，他们一定付出了许多努力，但努力也要讲究方式和方法。如果我们也掌握了科学的学习方法，并持续地加以练习，我们也有可能成为某一领域的佼佼者。

5. 如何才能超越导师，成为更优秀的自己？

如果只是一成不变地沿用老师或教练的教学经验，那所有学生的最高水平大概就是将来成为又一个老师或教练，所有的钢琴演奏者都只能是老师的翻版，所有的运动员充其量也就只能达到教练当年的最高水平……

刻意练习法则告诉我们，学习和进步固然离不开老师或教练的指导，也离不开他人的帮助。但是如果完全依靠别人的经验，没有自己的思考，我们是永远不可能打破前人的那层天花板的。

大师赋能区

充分利用经验，而非过度依赖

经验是宝贵的财富。对待经验，我们一方面要充分利用，另一方面也不可过分依赖，更不能被“经验主义”禁锢。对待经验最好的方法就是，既要充分利用，也要勇于创新。

具体地说，在提升自我的过程中，我们需要遵循以下一些法则。

第一，要以长远发展目标为导向。

即我们要弄清楚一点，创新不是一种形式，而是一种实现目标的方式。我们之所以创新，不是为了标新立异，而是为了实现自己的长远发展目标。

第二，要运用多元化思维。

在旧的思维模式下，往往很难实现真正的创新。所以，既然要创新，就不要拘泥于一种思维模式，而要养成多元化的思维，即学习或做事的过程中，要多方面、多角度地思考问题，这样才能激发更丰富的创新灵感。

第三，要勇于试错。

创新需要不断地尝试和实践，不可能一次就能获得成功，期间可能会经历无数次的失败与挫折。我们要勇于接受这些失败与挫折，千万不要因为害怕犯错而放弃创新。

总而言之，无论自己之前的经验多么丰富，无论别人的经验多么实用，我们都要记住：所有的经验都只是我们提高、突破自己的工具和方式，而不是束缚我们的窠臼。但在创新的过程中也要遵循必要的原则与方法，否则便不能达到既定的目标。

天才加油站

创新，也是从经验中总结的

纵观整个人类的发展过程，我们能够发现，人类的进步离不开各行各业中人们的不断突破与创新。

多年前，一家酒店由于客流量不断增多，迫切需要改建一部运载量更大的电梯。依照当时的经验，人们普遍认为电梯只能装在大楼内部，但是酒店大楼内部的空间不足，无法增设符合要求的电梯；而且在酒店大楼里面改建电梯的话，会大大影响酒店的日常运营。为此，酒店的领导层召集了许多经验丰富的工程师和建筑师一起开会研究，希望尽早想出解决问题的办法。

后来，酒店里的一位清洁工无意中说了一句话：“为什么非要在酒店大楼的内部增设新电梯呢？也许在酒店大楼外面增设电梯也不错。”受这位清洁工的启发，酒店领导迅速召集工程师和建筑师们按照这个思路去改革方案，最后终于建造出了世界上第一部观光电梯。

划重点

向他人学习的目的是让自己不断地突破自己，而不是为了束缚自己。

经验可以让许多优秀的、宝贵的知识与能力得以广泛地传承，但创新与突破才是保持人们竞争力与活力的关键，也是任何一个行业和领域得以持续发展和进步的关键。

过去的经验只是一种学习的途径，在利用经验的同时，我们也要勇敢地创新和突破，努力从不同的角度思考问题、解决问题，这样才能为未来的进步和发展创造更多的可能性。

经验要有选择地参考，创新也要有方法地展开，无论是借鉴经验，还是开拓创新，都要依据实际需要来进行。

6. 到底什么样的学习方式对我才是最高效的？

“老师上课讲的内容我明明都听懂了，而且也认认真真地做了笔记。可是为什么下课合上书本和笔记以后，却感觉大脑里面一片模糊？”

“我也有这样的感觉，尤其是做题的时候，看上去每个字都很熟悉，每个概念都听老师说过，可就是不知道该怎么用。”

在提升自我的过程中，一些人虽然一直紧跟导师的步伐努力上进，却常常觉得进步的空间越来越小。

你是否也有过这样的烦恼？

在学习知识、提高技能的过程中，听别人讲课，大概是大多数人选择的最普遍的学习方式。这的确是学习的重要途径，然而这并不是学习的唯一途径。

可是学习不就是认真听讲吗？不，不！这是学习的一种方式，而学习的方式却并不只限于此：阅读、视听、观看演示、小组讨论、实际演练，甚至教授他人，都是学习的方式。在这些学习方式当中，虽然听讲在我们日常学习中占据了最多的时间，可这种方式带来的学习效果却并不是最好的。

大师赋能区 金字塔学习法

到底哪种学习方式更高效？

1946 年，美国学者埃德加·戴尔提出了一种叫作“学习金字塔”的理论。这个理论对不同的学习方式及其相应的学习效果进行了认真细致的研究和分析，最后通过精确的实验结果提出了一份较为科学的数据说明。后来，人们把埃德加·戴尔提出的这种“学习金字塔”称为“金字塔学习法”。

下面的图形就是埃德加·戴尔提出的“学习金字塔”的模型及数据分析。

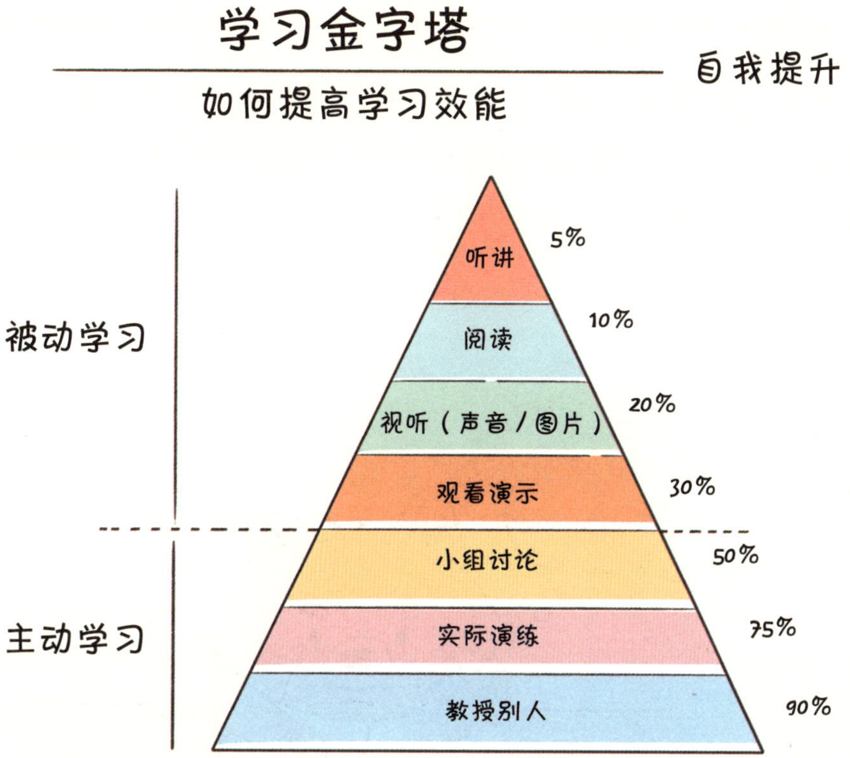

1. 通过“听讲”的学习方式，两周后人们的知识留存率只能达到5%；
2. 通过“阅读”的学习方式，两周后人们的知识留存率为10%；
3. 通过“视听”的学习方式，两周后人们的知识留存率为20%；
4. 通过“观看演示”的学习方式，两周后人们的知识留存率为30%；
5. 通过“小组讨论”的学习方式，两周后人们的知识留存率为50%；
6. 通过“实际演练”的学习方式，两周后人们的知识留存率为75%；
7. 通过“教授别人”的学习方式，两周后人们的知识留存率为90%。

天才加油站

多种体验互动，让学习效率倍增

埃德加·戴尔提出的“学习金字塔”理论告诉我们，要想做到有效的学习，就不能只采用简单、低效的学习方法，尤其不能只局限于一些被动的方式，而要尽可能地主动吸收知识。只有这样，我们的学习效率才会大幅提升。

加拿大教育学家戴夫·戴维斯通过长期的研究发现，比起被动地聆听他人说教，与他人保持积极的互动，是一种效能更高的学习方式。

所以，在学习和成长过程中，我们不要只局限于听课、阅读等方式，要尽可能地拓宽学习渠道、增加学习途径。平时我们可以通过以下方式来增加自己的互动练习。

第一，与老师加强互动，如上课主动提问并积极回答问题；

第二，成立或加入互动小组，如邀请同学一起讨论难题，或积极加入其他同学的讨论群；

第三，以积极开放的态度欢迎他人与自己在知识技能上的探讨甚至是比试，这不光会拓宽我们的学习渠道，也会让我们的学习效能更高。

划重点

听老师讲课，是一种最常见的学习途径，但不是唯一的学习方法，这种学习方式较为被动和低效，我们要结合其他方法一起才能高效提升自己。

互动式练习是一种较为主动的学习方式，其效果要远远好于纯粹地听别人讲课。

任何一种学习方式都可以与其他学习方法共存，我们不要只拘泥于其中的一种。

无论是与老师沟通，还是与同学讨论，或是与其他人探讨或切磋，这些都是互动式练习的具体表现，尽可能充分地参与进去，你会发现自己进步很快。

7. 知识消化不良，学习效率低下怎么办？

生活中，因学习效率低下而烦恼的不仅仅是学生，还有老师和家长。许多老师常常会产生疑惑，自己在课堂上费尽口舌地讲，课后又不辞辛苦地带着学生一遍一遍地做题，可为什么很多学生还是两眼迷茫？许多家长也会在一次次辅导作业的过程中变得越来越歇斯底里，甚至想要放弃。

而学生自己呢，作为学习主体，他们也希望自己在课堂上思维敏捷、反应迅速，做题时能够头脑清醒、条理清晰，考试的时候考个好成绩。可每天几个小时，甚至十几个小时的学习，周末和节假日见缝插针的培训班，让他们觉得自己就像一只伸长脖子等着“喂”知识的鸭子，虽然老师“喂”得辛苦，家长拼得努力，可这种填鸭式的学习方式却常常令他们消化不良。

学习的过程就是消化知识的过程，如果知识“消化不良”，学习效率自然不会提高。

大师赋能区

以教代学，用输出倒逼输入

那么，如何解决学习效率低下的问题呢？

前面我们提到，学习的方式有很多种，其中有些是被动式学习，如看书、听讲等；有些是主动式学习，如与他人互动讨论、实际操作和演练或是给他人讲解知识等。与被动式的学习方法相比，主动式的学习方法效率更高。通过“学习金字塔”，我们知道向别人教授知识和技能是一种最高效的学习方法。著名物理学家费曼对这种学习方法进行过深入的研究。后来，这种方法指导了无数人在各个领域取得了不凡的成就，人们就把这种最高效的学习方法称为“费曼学习法”。

费曼学习法的核心就是以教代学，用输出倒逼输入。简单地说，就是在学习知识的时候，要站在向他人传授知识的角度，假设自己要把这些知识向周围那些完全不懂的人讲明白。

对于某种知识，一个自己都不懂的人，如何能向他人传授呢？这听上去似乎有些矛盾，实则不然。正因为要向他人传授好这些知识，所以人们才会更加主动、更加条理清晰地把这些知识内化为自己的智慧。

天才加油站

五步学会费曼学习法

物理学家费曼，是量子电动力学的创始人，被称为“纳米技术之父”，1965 年荣获诺贝尔物理学奖。不仅如此，他还精通多种语言，在音乐方面也有很深的造诣。有人说费曼是一个天才，费曼却说他之所以能在许多领域都能取得卓越的成就，并不是他天生智力超群，而是他掌握了科学的学习方法，即“费曼学习法”。

具体地说，费曼学习法可以分为五步来完成。

第一步，确定自己的学习目标。弄清楚自己真正想要了解的知识、需要掌握的技能是什么。

第二步，理解自己的学习内容。根据目标去准备相关的信息和资料，并且把各种信息和资料去伪存真、去粗取精，最后有条理地把重要的内容系统化、合理化地进行归纳和整理。

第三步，试着将所学到的知识讲给他人。可以找同学、父母帮忙，充当自己的“学生”，把自己之前理解的内容讲给他们听。

第四步，反思、简化知识。通过给别人讲解，及时发现自己哪些细节没有弄明白，哪些问题还没有完全理解，并在此基础上找到改进的方法，最后再把整个知识系统地反思和消化几遍，将知识简化和内化。

划重点

光听别人讲解、看别人演示，我们是很难真正把知识融会贯通的。学会主动参与讨论、进行实际演练，或者把自己当成老师去教授别人知识，是提升自己学习效率的有效方式。

无论哪种学习方式都可以与其他方法配合使用，只要是对自己有用的方式，我们都可以采用。

费曼学习法是一种十分高效的学习方法，这一方法的核心就是以教代学，用输出倒逼输入。

确定目标、理解所学内容、教授他人以及反思自己和简化知识，这些环节都是费曼学习法的必要过程，缺一不可。

第四章

持续练习，量变到质变——想办法让自己一直动力充足

学习的确是一件十分辛苦的事，因为它并非一时兴起就能做好，要想学有所成就必须持之以恒。一时兴起的冲动很容易做到，而持续不断的努力却很难坚持。无论是客观环境的干扰，还是主观意识的懈怠，都可能导致半途而废。

那么，如何才能让自己在学习这条漫漫长路上保持充足的动力呢？这里提供了一些行之有效的办法，也许能在关键时刻帮你坚持下去。

关键时刻掉链子，马上就要到终点，车却动不了了。
想让汽车跑得快，你得把油先加足啊！

1. 你不是在用脑子学习，只是在用做题的方式消耗精力

很多人觉得自己在学习上已经筋疲力尽了，可在做题时，还是会遇到大量不会做的题目。每当遇到这种状况，再联想到自己习题本或试卷上的一道道错题，不少人都会信心坍塌，时间长了难免会感到气馁，觉得自己很笨，根本就不是学习的“好料子”，甚至想要放弃。

如果你也曾经历或正在经历这样的心路历程，先不要放弃，不妨静下心来思考一下，在你身上，有没有出现过下面的几种类似情形。

老师讲课时，你在做题；下课后，你依然在做题；你预习时在做题，复习时还是在做题……可是考试的时候，你却发现很多题还是做不好。

花了很多时间死磕一道题，最后不仅没有解出来，还发现自己没有时间去做其他事情了。

明明看到老师在讲例题时用的是这样的解题步骤，为什么自己用同样的步骤却做不出来呢？

你每天都要花大量的时间去做题，可为什么明明会做的题还会出错，感觉这样下去的话，自己会越来越对学习没有信心。

如果这样的情形就是你日常生活的写照，那不妨先把自己从“题海”当中抽离出来，想一想，有没有更好的办法让自己继续动力充足、信心满满地学习。

大师赋能区

拒绝题海战术，带着目的练习

许多学生以为只要自己每天刷更多的题，考试的时候就能得更高的分。可最后的结果往往却并非如此。如果我们每天把自己淹没在题海当中，学习成绩却始终得不到有效提升，那说明我们可能搞错了一点——错把做题这种学习方法，当成了学习的目的。

具体如何去改进，让我们参考一下学霸们的学习方法吧。

学霸学习法

第一，选择合适的题目。根据自己的学习进度和实际水平，选择适合自己的题目。

第二，勤思考、善总结。即做完题之后花一些时间去思考和总结，总结一些类型相似的题目的解题规律和方法等。

第三，重视错题。在做题过程中，要认真分析做错的题目，然后针对具体的原因及时查漏补缺，不断强化和提升自己。

第四，关注质量而非数量。与做题的数量相比，更重要的是保证做题的质量。要认真对待每一道题，深入思考，确保每一道题都不白做。

第五，合理安排时间。要充分安排好学习时间，把学习的各个环节都掌控好，避免过度疲劳。

天才加油站

针对知识漏洞刻意练习，打通知识原理

有一位同学曾经向一位考上名校的学霸型学长借学习资料和错题本，可是那位学长却告诉他："我的学习资料和错题本并不适合你。事实上，你不应该向任何人借这些东西。"

这位同学又向学长请教自己应该多做哪种类型的题，学长告诉他："重要的不是题的类型，你要先明确自己的知识漏洞。漏洞在哪里，就有针对性地补充哪里的知识。想要提高成绩，不能盲目地看别人学什么知识、做什么题。盲目的努力通常是低效的，甚至是无效的。真正有效的学习要先用脑子去思考。"

划重点

做题是一种重要的学习方法，却不是唯一的方法，千万不要只知道把自己埋没在题海当中。

做题之前要先弄明白自己要通过做题巩固和检验哪些知识。如果看到一道题目完全摸不着头脑，就不要再浪费时间去“啃”这道题了，还是先花时间去厘清基本的知识脉络吧！

做题之后要多思考、善总结。总结同类型题目的解题方法，可以做到举一反三，你的学习效率就会大幅提升。

分清主次，无须在自己已经会做的同类型题目上花太多时间，要将更多的精力放在自己没搞懂的知识上，这样学习起来才更有针对性。

2. 我知道学习重要，却总忍不住拖延逃避

学习这件事，真的很重要吗？

相信大多数人对这个问题的回答，都是肯定的。可是很多时候，一旦落实到实际行动，很多人又会拖延或逃避：

上午打球太累了，作业留到晚上再做吧；

看到书就头疼，我想再休息半小时；

这个游戏真好玩儿，等我通关后再去学习吧；

现在心情很烦躁，实在看不进去书，不如先睡一觉。

烦了、腻了、累了、病了……明明知道学习很重要，可是总会为不学习找各种各样的借口，这是许多人的真实写照。然而看到别人取得好成绩时，就又是羡慕、又是懊悔，于是继续一边立志要努力学习，一边又中途放弃……

番茄学习法

学习是一件需要不断坚持才能持续进行下去的事情，但要如何坚持下去呢？最好的办法就是要养成良好的学习习惯。可是，良好的学习习

惯不是自然形成的，而要靠我们自己去努力约束行为，合理规划时间。如果当天你有大段时间可以用来学习，那不妨试试很多牛人都在用的“番茄学习法”。

“番茄学习法”是在 1992 年由弗朗西斯科·西里洛提出的。弗朗西斯科·西里洛在大学期间也曾遇到过难以进入学习状态、学习效率低下等问题，为此他尝试过许多方法，后来发现使用定时器的办法最有效。由于他当时使用的是一款番茄形状的定时器，所以他就把自己总结出来的这种学习方法称为“番茄学习法”。

在利用“番茄学习法”进行学习时，需要注意以下几点。

第一，在学习之前，要明确自己的学习目标，制订相应的学习计划。学习计划越细致，番茄学习法执行起来就越顺利。

第二，根据学习计划，确定具体的学习任务。如果有些学习任务较为艰巨，可以将其分解为更具体的小任务。

第三，可以根据自己的实际情况去设置番茄时间。弗朗西斯科·西里洛认为 25 分钟为一个番茄时间，这种设置符合大多数人的情况，但这个时间是可以变通的。比如，对于年龄较小或专注力较差的孩子，可以先将时间段改为 15 分钟，然后再逐渐增加；如果是专注力较强，学习任务又比较重，也可以将时间段调整为更长的时间。

第四，一个番茄时间只专注于一个学习任务，不要将多种学习任务混在一起进行。

第五，当一个番茄时间结束后，一定要马上休息，就算任务没有按时完成，也不要继续，而要等下一个番茄时间到来后再去做。这既是为了督促人们在规定时间内完成任务，又是从科学的角度提醒人们要劳逸结合。

学习时间到了。
时间已经过去了一半，我必须得加快速度。
学习时间还剩下12分钟。
学习时间就要专注地学习！
漫画
还有一道题没做完。
休息时间就要马上休息！

天才加油站

惜时，培养同龄人最缺的能力

法国知名画家卡米耶·柯罗被认为是印象主义画的先驱，留存在世的作品有3000多幅，其中著名的有《罗马竞技场》《沙特尔大教堂》《孟特芳丹的回忆》《戴珍珠项链的女人》等。他的许多作品都被收藏在法国卢浮宫博物馆中。

26岁才开始正式从事绘画的柯罗，为了画画，走遍了法国各地。他还先后三次去意大利旅行写生，甚至去过荷兰、瑞士以及美国。直到去世前一年，77岁高龄的他仍坚持到库布隆、阿拉斯、桑斯等地寻找灵感。

卡米耶·柯罗作画时十分专注，且非常珍惜时间。据说，曾经有一位年轻的画家请柯罗指出自己画中的不足之处。柯罗十分认真地指出了几处他认为不满意的地方。

这位年轻的画家谦虚地说：“谢谢您！拿回家以后我一定认真修改。”没想到柯罗却认真地追问：“你打算什么时候修改？预计多长时间可以修改完？”

年轻的画家没想到柯罗会问这个问题，为了表示诚意，他说：“明天一大早我就全部修改。”他以为柯罗会很满意这个回答，没想到却听到柯罗激动地说：“你打算明天才修改？为什么要明天？如果你今晚就死了呢？”

划重点

该学习的时候就要马上集中精力去学习，养成这样的习惯，可以帮助人们解决拖延懒散的问题。

“番茄学习法”的实质就是一种高效的时间管理方法，利用这种方法可以帮助我们迅速进入学习状态、提高学习效率。

“番茄学习法”可以帮人们避免干扰、专注学习，使人们的学习效率更高。

“番茄学习法”有助于培养人们专注、持续学习的良好习惯，这种习惯可以让人们受益终身。

3. 为什么我一上课，就感觉精疲力尽？

学习原本就是一件很辛苦的事。很多学生常常抱怨：我们真的已经够努力了，可是父母和老师还总是不停地在耳边念叨“吃得苦中苦，方为人上人”“少壮不努力，老大徒伤悲”，仿佛我们是一台永远不知疲倦的“永动机”。

其实，现代社会的竞争压力这么大，不需要父母和老师强调，很多孩子也知道必须努力学习才能让自己更出色，将来才能拥有更多的机

会。而且，大多数孩子确实已经很努力了，他们睡眠不足是常态，就连吃饭时间都要压缩到极限，经常为了节约时间在去学校的路上边走边吃，就连睡着后也常常会因梦到做不出题而惊醒……

大师赋能区

持续学习是最高级的能力，做一个长期主义者

在为了某个目标冲刺的道路上，有太多的人忙于拼精力、拼体力，却忽视了为自己增加动力。如果长期透支身体，总有一天我们会感到精力不足，甚至会因为身体出现问题而不得不放弃目标。

“刻意练习”法则告诉我们，学习是一件长期的事情，需要持续不断地练习，才能一步一步地从量变的积累实现质变。既然如此，那我们就不能只追求短期的效益，而要做好长期努力的准备。

具体地说，我们需要做好以下几方面的准备。

身体方面的准备，尽可能地保证拥有健康的体魄。

思想方面的准备，想办法让自己专注目标、努力学习。

方法方面的准备，掌握适合自己的学习方法，让自己的学习效率更高。

而在以上三个因素中，身体方面的准备有着关键的作用。虽然我们也会看到一些人即使身体不够健康也能做出伟大成就，但这些人背后付出的艰辛是常人难以想象的。对于大多数人而言，强健的体魄是努力拼搏的重要基础。因为身体健康，我们的精力才会充足，才能为持续努力源源不断地提供强劲的动力。

那如何才能平衡好努力学习与身体健康二者之间的关系呢？我们可以从以下几点做起。

- 第一，保证合理饮食，为身体提供充足的营养。
- 第二，保证充足睡眠，让身体和大脑得到充分休息。
- 第三，坚持锻炼身体，为身体注入源源不断的动力。

天才加油站　合理分配时间，才能让身体持续保持动力

比尔·盖茨在计算机领域做出的成就令世人瞩目，在人们的想象中，他的工作必定十分繁忙，大概没有多余的时间去干别的了。可事实上，比尔·盖茨在工作和生活两者之间做到了良好的平衡。他是怎么做到这一点的呢？

比尔·盖茨十分懂得合理分配时间和精力的重要性。他不是人们

想象中的“工作狂”，但是会高效完成工作，以便为生活留出更多的时间。他兴趣广泛，喜欢阅读和运动。当一段高强度的工作结束后，他会立刻给自己放一个假，让自己通过轻松的假期来缓解工作上的压力。他也非常享受与家人在一起的温馨时光，所以经常抽出时间来陪伴家人。

尽管比尔·盖茨每天有许多工作要处理，但是他始终意气风发、精力充沛，不仅将工作和生活处理得十分完美，还会抽出部分时间去关注一些全球性的问题，如公共卫生和气候变化等。

划重点

要想保持持久的、强劲的学习动力，保证身体健康很关键。

学习原本就是一件十分辛苦的事情，就不要再让身体缺乏营养和休息，让自己苦上加苦了。

学霸能成为学霸，决不是因为他们压缩了吃饭和睡觉的时间去学习。

4. 为什么我的计划很完美，却总是执行不下去？

很多人发现自己身体倍儿棒，吃嘛嘛香，可是一开始学习，就总是提不起精神。这是因为，他们在心理上缺乏学习的动力。身体上的动力充足，但心理上的动力不足，很多情况下是由于缺少目标激励造成的。

谈到目标激励，又会有人抱怨："目标设置了一个又一个，可是结果没有一个能实现，真是希望越大，失望就越大。"如果付出了很多努力，结果却无法实现目标，这的确令人失望。可是在失望之余，我们是否也应该认真反思一下：问题到底出在哪里？是自己的目标有问题吗？如果目标有问题，那么具体的问题是什么？又该如何解决呢？

大师赋能区

计划中提前做好这些，执行起来更高效

只有找到问题的根源，才能彻底解决问题。在本书的第二章内容里，我们已经讲到过如何合理地设置适合自己的目标，也讲了当目标出现偏差时，如何及时地予以调整。现在，我们要弄清楚，在制定了合理目标的前提下，如何利用目标正向地激励自己，让自己清晰地看到努力的方向、充分地享受目标实现后的成就感，最终让自己越努力越有动力，因而更有信心和精力去投入更多的努力。

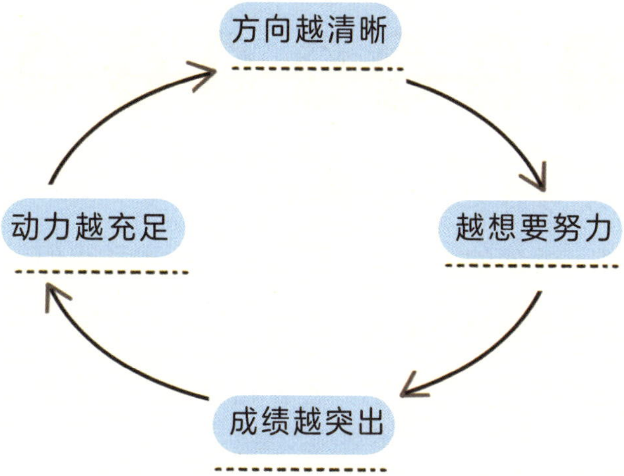

完美的闭环

1954 年，美国著名管理学家彼得 · 德鲁克提出，利用目标可以激励人们保持强劲的学习和工作动力。这种方法一经提出很快就受到了各行各业人们的重视。在学习方面，我们同样可以利用这种方法来激励自己。

要想让自己保持长期、强劲的学习动力，除了要合理设置目标、分解目标及制订计划，还要特别重视以下几个方面的问题。

第一，一次只完成一个任务。

我们可以把目标分解成一个个小任务，每次学习都专注于一个学习任务，这样学习效率会更高。

第二，完成任务后奖励自己。

每完成一个任务，都给自己一些适当的奖励，这样会更有成就感。

第三，与他人分享自己的成就。

有时，适度的“高调”可以更好地激励我们。将取得的成就和实现的目标与家人、老师、朋友分享时，我们不仅可以获得他们的支持与鼓励，还会让自己身上的责任感更强、动力更足。

第四，总结记录自己实现目标的进程。

每实现一个目标，都要记录下目标的层次，并随时与总目标进行对比，这样我们就可以清晰地看到自己取得的进步和成绩，也可以直观地 感受到自己离总目标越来越近。

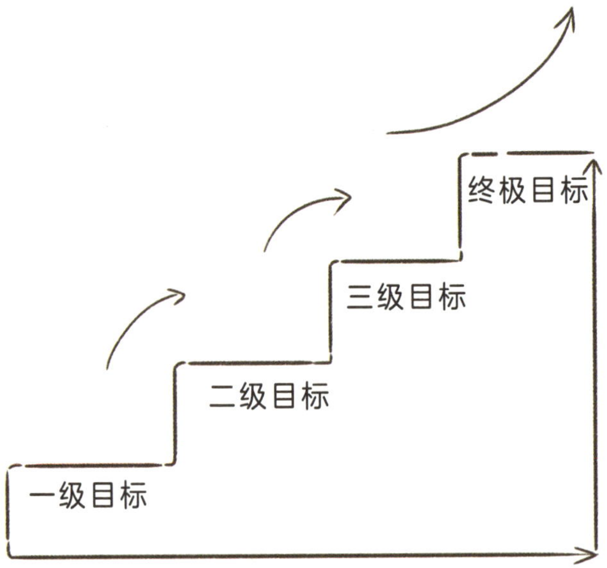

天才加油站

有实用性的目标才好实现

哈佛大学的研究人员曾经花费了 25 年的时间，专门针对“目标对人们的影响”进行了一项调查。为了保证调查的准确性和公平性，接受调查的对象在智力、学历、环境条件等方面的差异都不是很大。

调查结果显示：

27% 的人没有目标；

60% 的人有目标，但目标十分模糊；

10% 的人有清晰目标，但只是短期目标；

3% 的人有清晰且长期的目标。

在长达 25 年的跟踪调查之后，研究人员发现，当时那 3% 拥有清晰且长期目标的人，几乎都成为社会各行业内的顶尖人物，拥有让大多数人都羡慕的成功人生；当时那 10% 有清晰目标，但只是短期目标的人，大多成为各行各业的专业人士，如医生、律师、工程师等；那 60% 目标模糊的人，只能维持基本的生活水准，几乎在任何领域都没有取得过成功；而那 27% 根本就没有目标的人，则几乎都处于社会的最底层，常常连基本的生活需求都无法保障。

这项调查表明，目标不仅对人们的当下具有很大的激励作用，更对人们的长远发展具有重要的影响。

划重点

目标要具体、可实现，并有具体的衡量标准，这是用目标激励自己的基本前提。

给自己奖励、和别人分享、总结记录目标实现的进程，这些都是激励自己的方法。我们要积极地寻找多种方法不断激励自己。

即使目标没能按照预期实现，也要保持积极的心态，遇到困难和挫折就想办法去克服，如果目标不合适就及时调整。

一个目标实现后，就要朝着下一个目标继续努力。要相信自己，未来一定会越来越棒。

5. 放眼行业内的杰出人物，总有一款适合你

不知道你是否有过这样的烦恼：虽然我很清醒地知道自己的目标是什么，也很认真地努力学习，可由于环境的限制，身边总是没有适合自己的、水平足够高的导师。这该怎么办呢？比如说，我很喜欢文学，希望能写出一部影响力较大的作品，也一直在努力提升自己的写作水平，可是我的语文老师在写作方面并不能为我提供太多有用的帮助，而我周围似乎也没有人能给我提供有效的指导，这该如何是好？

其实，现在的学习环境十分开放，如果你真的确定了自己的学习目标，那就把眼界放得更加开阔一些，不要把你的学习对象只局限于学校的老师或者身边的人。

大师赋能区

分析和研究大师的作品，并且持续地向大师学习

现在网络这么发达，由此诞生了各种各样的学习平台和学习途径，只要你想学习，而且清楚自己要学什么，除了可以通过这些平台和途径去找合适的指导老师，还有一个更直接的办法，那就是想办法找到行业内的杰出人物，然后采取下面的方法去“隔空”学习。

第一步，尽量寻找行业内你最认可的杰出人物作为学习楷模。

比如，你想练好书法，那就先选出行业内最顶尖的杰出人物来“指导”你，比如古代的王羲之、欧阳修等，或者现代你认为书法造诣很深的其他优秀人物。

标准 —— 行业内做出领先成就，你内心最认可的人物。

数量 —— 不限，但贵精不贵多。

第二步，挑选出这些杰出人物的优秀作品。

你要根据自己的特长和喜好去选择合适的学习楷模，适合你的，才能让你更有毅力坚持下去。

第三步，去努力复制之前精心挑选出来的作品。

如果说前面两步都算是准备工作的话，那么这一步就是最最重要的执行环节了，而且这一步需要长期的坚持才能让你有所提升。事实上，在最初复制和模仿这些作品时，你也许很有信心，但在日复一日的时光消磨中，人往往会产生惰性，这时我们可以采取之前提到的“番茄学习法”“费曼学习法”等方法去克服自己的惰性。

第四步，找到自身与大师之间的差距，并寻求突破。

这是这种方法的最后一步。在模仿和复制杰出人物的作品时，我们最开始可能发现自己与大师之间差距太大，但千万不要因此而丧失信心，更不要轻易放弃。告诉自己：正因为对方优秀，所以我才向他们学习。

当然也不能任凭差距存留在那里，最好的做法是认真审视自己不如大师的地方，找到自己存在不足的原因，然后努力改善，争取让自己每一次都有新的突破。

天才加油站

模仿大师、成为大师、超越大师

本杰明·富兰克林不仅是美国历史上一位重要的政治家，还是一位受大众喜爱的作家，他的作品形式有很多，如寓言、小说和哲学作品等。据富兰克林在他的自传中所写，他小时候并没有显露出太多的写作天赋，但在少年时期突然对写作产生了兴趣。在试过一些他认为无效的练习方法之后，富兰克林发现当时一本名叫《观察家》的杂志上经常会刊登一些优秀文章。于是，富兰克林就从这些优秀文章中选出一些他认为最棒的作品，并开始按照这些作品的风格去模仿写作。最初，他的模仿很拙劣，可是他一直坚信，向优秀的作家学习一定可以提高自己的写作水平。

就这样，在富兰克林记不清自己模仿了多少优秀作家的文章之后，终于也向《观察家》杂志投稿成功了！

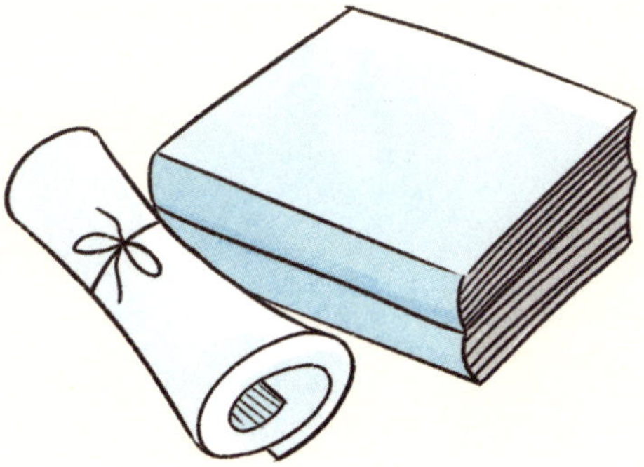

划重点

学习时要把眼界放宽，世界这么大，网络这么强，优秀人物这么多，你总能从中找到一些适合你的学习楷模。

优秀人物的作品有很多，你一定要从中选出你认为最能打动你的、最适合你的作品来进行模仿，记住这个过程需要做到：耐心 + 细心。

认真分析自己的不足之处，有不足很正常，知道了有哪些不足、为什么会产生不足，知道自己与大师之间的差距，你才能取得进步。

发现不足之后，就不断地修正自己，修正、修正、再修正，当你与大师之间的差距越来越小时，你也就成为行业内的优秀人物了。

6. 找到和自己共同进步的学习“搭子”

有一个人装修房子时，在家里安装了很多专业的健身器材。入住时，他邀请朋友们来家里参观，并兴高采烈地告诉大家，喜欢健身的他以前要花不少钱办卡去健身房，现在每天随时都可以在家里健身，既方便又省时省钱。

可是，半年以后，他又开始约朋友一起去公园跑步了。“你家里有那么多健身器材，包括跑步机，为什么还要到公园里去跑？”朋友疑惑地问。这个人苦笑着回答：“唉，在家里健身确实更方便，可是一个人很难坚持下去，我还是想找个伙伴一起，大家相互督促。有了伙伴，我就不能找各种借口不早起锻炼了；一想到对方还在公园等着自己，我就会赶紧出门；或者想到对方也许已经跑了 1 千米，而我却躺在床上刷手机，心里就会有种紧迫感。”

大师赋能区 自律不行就他律，找个伙伴监督自己

刻意练习法则告诉我们，任何练习都必须持续进行下去，才会取得长足的进步。可是，坚持需要有源源不断的动力，否则人们就很容易懈怠。而结交优质的、能与自己共同进步的队友，是保持动力的一种有效方法。

找到适合自己的队友，建立学习共同体，这件事越早进行效果越好。

可是，要把这件事办好，却并不容易。因为我们必须弄清楚两件事。

第一，要寻找哪些人作为自己的队友。

1. 优秀的导师或出类拔萃的榜样人物。

这些人的存在就如同大海里的“定海神针”，有了这种核心人物的存在，我们在学习时的目标就更有方向感、更有动力；否则，整个学习共同体就很难形成强劲的凝聚力，最终只会如同一盘散沙，随时都会解散。

2. 行业内的“专家”。

为了让自己的圈子更加优质，我们也要尽可能地选择能力更出众的人物成为我们的队友。比如，掌握独特学习方法的同学、学科成绩总是遥遥领先的人物等。与这些人相伴学习，你的学习积极性会越来越高，学习技能也会越来越强。

3. 与自己有共同志向的伙伴。

这些伙伴或许能力平平，但他们与你目标一致，是你遭遇挫折与失败时的坚强后盾。大家可以相互打气，最终实现共同进步。

第二，通过哪些途径可以找到优质队友。

1. 现实生活中的优秀导师，或者是通过网络结识的符合期许的优秀导师；

2. 周围专业能力出色的优秀人才；

3. 身边成绩优秀的同学；

4. 网络上志同道合的学习“搭子”。

天才加油站

优质队友有可能就是你学习的动力

1978 年的诺贝尔经济学奖获得者赫伯特·西蒙曾经提出过这样一个观点：人的“有限理性”体现在学习中就是“情境理性”，即人们的学习会受到情境的制约或促进，你学习的东西适合于哪些情境中，你就应该在哪些情境中学习这些东西。

赫伯特·西蒙通过自己的学习和研究实践发现，人们的最佳学习方式并非独自练习，而是在情境中学习。把自己设置在一种相关的情境当中，找到能和自己共同进步的优质队友，建立一个适合自己的学习共同体，会在我们周围形成一种围绕共同目标一起努力的共同体圈子。

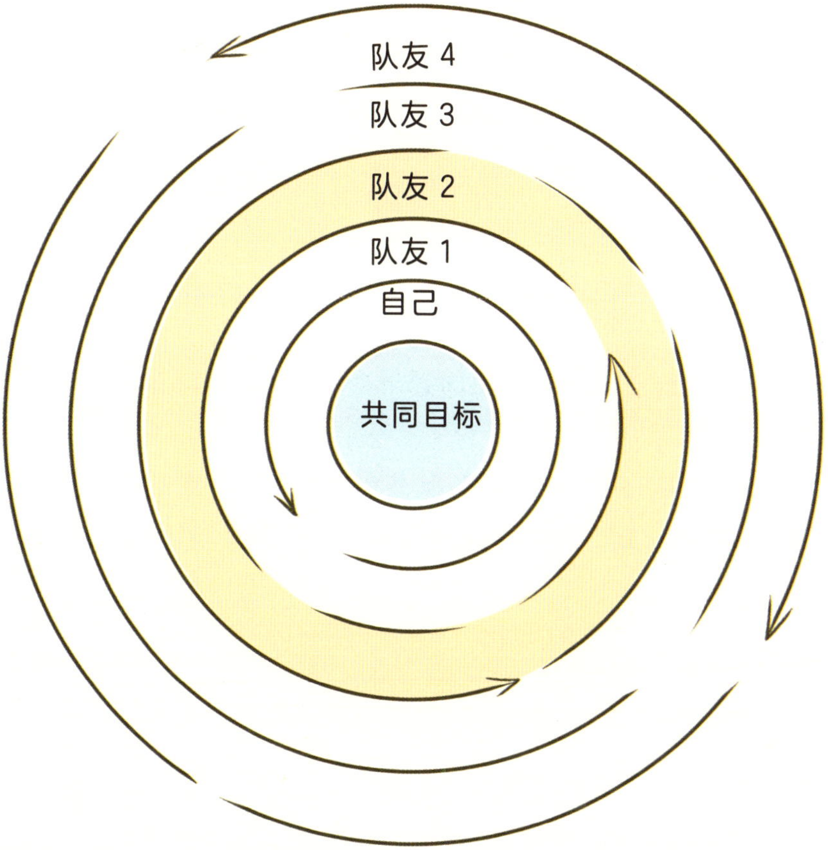

学习共同体

有了学习共同体，我们不但可以从彼此身上相互汲取坚持下去的动力，还可以互相学习、互相督促，共同成长。

划重点

独自学习需要有极其坚定的意志。一个人关起门来苦心修炼，这样的学习过程太辛苦，也更容易中途放弃。

最好的学习方式并不是独自学习，而是让自己置身于合适的情境中学习。

结交优质的队友，可以增强我们的学习动力，也有助于我们迅速提高学习技能。

通过合适的途径，找到合适的队友，可以建成一个互相督促、互相扶持的学习共同体。

7. 用魔法打败魔法，只要你不后退，谁拿你都没办法

当挫折和失败一次次袭来的时候，大多数人会产生严重的挫败感，甚至怀疑自己之前的努力是否值得，进而怀疑之前定下的目标是否合理，或者干脆完全否定自己，认为自己“注定不会成功”“天生不是干这件事的材料”“真是个没有用的人”！

挫折和失败确实会打击人的自信心，但如果人们真的就这么容易被打败的话，那这个世界上必然到处都充满了失败者，失望和消极的情绪也会充斥着整个地球。幸好，并不是人人都这样，所以这个世界才会有在各行各业都取得成功的佼佼者。

不过，最终取得成功的那些人，在奋斗道路上也是历经挫折和失败

的，而且往往越是取得卓越成就的人，人生道路越是荆棘不断、困难重重。但与大多数人不一样的是，当遭遇困难和挫折时，他们首先想到的不是怀疑自己之前选择的方向，也不是否定自己一直以来的努力，更不会急躁地放弃目标、改变奋斗路径，而是试着弱化眼前的失败，沉下心来告诉自己和身边的人：“没关系，我们先做好自己当前该做的事。”

大师赋能区

耐心是打败挫折的“终极魔法”

遇到挫折时，放弃很容易。可是一旦放弃，成功便不再有可能实现。所以在挫折面前，我们一定要保持足够的耐心。如果说挫折是个大魔头，那么耐心就是能够打败它的高级魔法。这个让人谈之色变的“大魔头”看上去强大、凶狠，实际上它打击人们的方式，无非就是一些外在的阻碍和伤害，只要我们内在保持坚定的信心和足够的耐心，它的攻击力就会逐渐变弱。所以，面对挫折，只要我们耐心地撑过去，这个色厉内荏的“大魔头”就一定会抱头鼠窜的。

可是，在日常生活与学习中，人们却常常被急躁的情绪所左右。所以，遇到困难与挫折如何才能保持强大的耐心，这很关键，我们需要注意以下几点。

第一，清楚地感知自己的情绪。

我们平时要学会感知和理清自己的情绪，比如，当遇到困难时，许多人都会因为急躁而做出错误的决定，这些决定往往会让事情向更糟糕的方向发展，甚至走向不可收拾的地步。所以，当遇到困难时，一旦意识到自己产生了急躁的情绪，我们就要及时提醒自己：先平静下来，再做决定。

第二，胜不骄、败不馁，保持平和的心态。

良好的心态可以帮助我们培养耐心。如果日常心态就不够豁达，一遇到问题就怨天尤人，是不可能养出足够耐心的。所以，在日常学习和生活中，我们要时时培养良好的心态，取得成功时不骄傲自满，遇到挫折时也不消极、放弃。并告诉自己：无论成功还是失败，都只是暂时的。即使自己目前没有取得期望的成功，也不必太过失望，人生原本就是不完美的，我们要学会接受这种不完美。

第三，用积极的思维看事情。

如果发现自己耐心不够，那不妨先改变自己的思维方式。同样一件事情，透过不同的思维方式会看到不同的结果。用积极乐观的思维去看事情，焦虑和急躁的情绪就会逐渐减少。

第四，鼓励自己的耐心和坚定。

虽然我们说挫折这个“大魔头”并不像它外在表现得那样强大，但它确实有一定的“威力”，并不是轻松就可以打败和克服的。所以，如果我们在挫折面前表现出了强大的耐心和坚定的毅力，那我们真的就已经很了不起了。既然我们做得这么棒，那当然要对自己进行一定的肯定和鼓励，比如夸自己一句“我真了不起！”或在日记本中记录下自己的“战绩”。

天才加油站

“姜太公钓鱼”的故事

相传，很久以前，姜尚用直钩在江上钓鱼，有人说：“用直钩怎么能钓得上鱼呢？真是个傻子。”他却不急不恼，笑呵呵地说：“愿者自然会上钩。”后来，他终于等来了能够识他用他的周文王，最终辅佐周武王灭商建周、辅佐周成王平定叛乱，成就了人生大业。

其实姜尚在被周文王起用之前，曾经遇到过许多挫折，他的前半生甚至可以用“一事无成”来形容。当人们都嘲笑他的时候，他却不急不躁地认真学习，研究治国兴邦的方法，相信只要时机成熟自己就一定能够为国效力。最终，他的耐心和决心果然没有白白付出。

划重点

耐心是打败挫折的终极魔法，并非人人天生就具备强大的耐心，我们要想办法培养自己的耐心。

遇到问题先不要着急，一旦产生了急躁的情绪，那就要及时提醒自己，不要因为急躁做出错误决定；情绪不够冷静时，让自己尽快平静下来。

正确认清挫折和失败，明确挫折和失败只是人生的一部分，我们要学会接受它们，但不能被它们所左右。

平时多用积极乐观的心态去看待问题，多加练习，心态就会逐渐变得平和。

多肯定和鼓励自己，你会变得越来越棒。

第五章

及时的反馈——我就是我，一直追求进步的我

刻意练习是有目的的练习，所以必须包含的一个环节就是反馈。也就是说，我们必须及时弄清楚某件事情自己做得到底是对还是错。如果是错的，那么具体错在哪里，出错的原因是什么，应该怎么纠正。当一个阶段、一个阶段地完成这样的反馈之后，我们就会实现一个台阶、一个台阶的进步和提升。

最近你的学习成绩进步很大呀！

当然了，因为我最近一直在反省、纠错。

除了反省，你还从其他途径了解自己了吗？

你就是一个不错的途径，你觉得我还有哪些方面需要改进呢？

1. 为什么常常有人说我“眼高手低”？

在树立目标时，你是否因过于不切实际，最后不仅目标没能实现，还陷入到自卑失落的消极情绪当中呢？

做具体的事情时，你是否常常被人批评“眼高手低”“不够脚踏实地”呢？

评价别人时，你是否被别人反驳“你有什么资格说这些”“太没有自知之明了”呢？

如果在你身上，这样的事情时有发生，那先不要自卑失落，更不要怪别人说话不客气，不妨从自己身上找找原因——我是不是真的了解自己？是不是真的没有自知之明？

大师赋能区　认清自己，起飞时更顺利

人们常常只顾着抬头去看远方的目标，却很少低下头来审视真实的自己。

一位经验丰富的钢琴老师说："很多学员往往只想着快一点儿学会更多的曲目，当我问他们，在每天的练习中能将一首曲子准确无误地弹出几次时，他们根本就给不了我一个确切的数字。"

自知之明其实也是可以练出来的。要想习得自知之明，从而更清醒全面地认识自己，我们可以尝试从以下几个方面去努力。

第一，定期反省自己。自省是取得进步的前提。很多人总认为自己做什么都是对的，即使遭遇失败，也认为错的是别人和周围的环境，这是典型的怨天尤人。定期花时间去反思自己的行为和做事的方法，多问问自己“我身上存在哪些不足？”“我还可以在哪些方面向别人多学习？”。

第二，主动听取他人意见。每个人看待问题的角度都是不同的。由于学识、自我认知等原因，我们即使积极自省，也可能看不清一些问题出现的根本原因，甚至都意识不到问题的存在。这就需要我们积极主动地向他人寻求反馈。这并不容易，我们可以从以下几点做起。

首先，态度上要谦虚而真诚，要让别人明白，你是真心听取别人意见的。即使听到不符合心意的回答，也要真诚道谢。

其次，当别人给你提出意见或建议后，你可以通过语言或行动来鼓励别人继续反馈。比如，“您提出的问题我都记下来了，能不能麻烦您再多说几点？”等。

再次，要学会记录和总结。可以通过写日记或做统计表等方式去记录和总结自己遇到的问题和取得的成就等，最好在记录和总结的时候加上具体的原因分析。

最后，要提高自己的认知。很多时候，人们缺少自知之明是由于自己的认知不足造成的。我们要不断学习新知识、练习新技能。当站得更高之时，我们自然就会看得更远。

天才加油站

不断反馈，也是不断纠正

刻意练习法则的提出者安德斯·艾利克森曾经做过一个长期的有关记忆数字串的实验。最早参加该实验的是一名叫史蒂夫·法隆的实验者。每次尝试记忆更多的数字串时，史蒂夫·法隆都会得到一份反馈，这份反馈非常直观和简洁——记对了，还是记错了；挑战成功了，还是失败了；记对的数字有多少，记错的数字是哪些。

在这种直观而简洁的反馈下，史蒂夫·法隆能迅速明白自己当前的练习有没有取得进展。

通过这些反馈，史蒂夫·法隆会不断地思考漏记和记错的原因是什么，自己的弱点有哪些，然后他会努力想办法去纠正自己的问题。最后，史蒂夫·法隆在记忆数字串的实验中取得了出色的成绩。

划重点

自知之明是可以练出来的，但有一个重要的前提，那就是你自己要意识到自己在这方面的需要。

每个人都需要清醒地知道自己的真实水平：遭遇失败时，知道自己身上的哪些问题导致了失败；取得成功时，也要清楚自己身上的哪些优点造就了眼前的成功。

自我反省是提高自知之明的基础，也是关键所在。

当看不清自己身上的问题时，我们可以去向别人寻求帮助，正如所谓的“旁观者清”。

当自身的认知水平提高以后，我们认识自己的能力也会相应提高。

2. 究竟错在哪儿了？我也不知道

很多孩子在听到父母或老师批评时，会一脸诚恳地点头说：“我知道错了。”可是当被进一步追问“你错在哪儿了”的时候，这些孩子又会一脸通红得说不出话来。

听到“错在哪儿了”这种问题时，很多人的第一反应是抗拒，觉得对方在故意刁难自己：“我都已经低头认错了，怎么还是没完没了。”其实很多时候问这个问题的人并不是故意刁难，而是发自内心地想要让你真正弄清楚问题出现的根本原因。

大师赋能区 搞清不足的原因再去努力

当通过多种途径和方法得知自己的弱点以后，我们接下来要做的就是弄清楚导致这些不足出现的原因了，具体可以从以下几方面考虑。

心态方面的不足	很多时候，人们出现失误或失败的原因往往不是能力差，而是心态太过消极。比如，由于太在意得失反而心生恐惧，或自我设限，总觉得“我做不到”；又或者太注重他人评价……可以把一些能够激励自己的语言贴到显眼的地方，随时激励自己
知识能力方面的不足	做事时感觉力不从心，做题时不知道从哪里下手，与别人合作时跟不上对方的节奏等，这些“硬伤”，需要从根本上提高自己

续表

习惯和行为模式的错误	平时我们要多留意自己的行为和思维方式，寻找可能存在问题的地方。一旦发现是自身的习惯和行为模式方面的错误导致了自己屡屡出错，那就要勇敢地打破陈旧的思维模式和行为模式，大胆尝试新事物，从更全面的角度思考问题和解决问题
环境和他人的影响	如果发现自己周围的环境和人物已经对你产生了十分消极的影响，那就要想办法脱离他们，并努力去寻找更能对自己产生积极影响的人物作为伙伴

天才加油站

真正有效的反馈是突破的关键

有弱点不可怕，可怕的是不去正视自己的弱点。冷静清醒地认识自己的弱点并了解原因，就可以对症下药地完善自己，全方位地提升自己。

某国想要培养一支战斗力超强的飞行队。所以，他们想尽办法找最好的资源：他们的导师能力是一流的，队员的技术水平是一流的，整个飞行队的装备也是绝对领先的。可是经过一段时间的训练，他们发现，这支飞行队的战斗力还是不够强大。原因出在哪里了呢？

后来，每次培训学员时，他们都会增加一个固定的环节——召开报告会。每位飞行员任务结束以后，都会被教官拿着考查表询问以下几个问题：

- 你在空中飞行的时候注意到了什么？
- 你采取的具体行动是什么？
- 你为什么选择采取这些行动？
- 你犯了哪些错误？
- 下次遇到同样的问题时，你会怎样改进？

一段时间之后，教官们发现，几乎所有的飞行员在执行飞行任务时出错率都大大减少了，飞行水平也有了明显提高。接着，教官又针对飞行员们经常遇到的各种问题进行分析总结，并提出了相应的训练和解决方法。后来，这支飞行队的战斗力果然大幅提升。

上面例子中教官所采取的方式，就是刻意练习中提到的一种反馈练习的方法。如果在学习知识和练习技能时，我们也能找出导致自身不足的原因，那进步和成功必然指日可待。

划重点

每个人都有弱点，弱点并不可怕，可怕的是不敢承认，更不去积极地寻找它出现的根本原因。

知道自己是对还是错，是一种最初级的反馈。反馈的更高一级是知道自己的弱点是什么，并弄清楚造成这些弱点的原因。

凡事有因才有果，找到问题的根源，问题才有机会迎刃而解。

寻找原因时要耐心、冷静，分析和思考时要全面、细致，尽量不要漏掉任何一个细节。

3. 难道弱点也有“好坏之分”？

每个人都有弱点，可为什么有些人却经常表现出色，而有些人却一直表现平平呢？

难道弱点也有“好坏之分”，别人的弱点并不会对他们产生不好的影响，而我的弱点是专门与我作对的“克星”。或者说，我身上的弱点真的是无可救药了。

如果你产生了上面的想法，赶紧停下来。因为这种想法本身就是一种十分消极的行为，会一点点地蚕食你的意志、削弱你的行动力。

大师赋能区 转变关注的焦点，集中精力对付弱点

能够坦诚地审视自己，正视自己的不足，并沉下心来反思不足产生的原因，表明我们正在向优秀的自己和成功的人生迈进。除此之外，我们还要集中精力完善自己，想办法让自己不断进步和提升。

刻意练习法则告诉我们，在刻意练习的过程中，一旦发现缺点和不足，就要适当地转变关注的焦点，并采用新的方法来攻克自己的弱点。

对于自身的弱点，可以采取以下方式解决。

第一，制订可行的目标和计划，集中火力克服弱点。

我们身上的弱点就像木桶中的短板，如果把短板补齐，我们的整体实力就会大幅提升。因此，一旦明确了自己的弱点，我们就要集中火力克服它，补足它。

一份攻克弱点的计划，应该包含以下内容：

- 需要克服的弱点是什么
- 计划在多长时间之内纠正这些弱点
- 纠正这些弱点可以采取哪些具体的方法
- 我平常需要注意哪些事情，可以帮助我有效规避这些弱点
- 我可以寻求哪些外在的帮助

第二，参加有针对性的学习和培训。

现在市场上有很多针对性很强的课程，如各专业培训课程、心灵成长培训班、技能培优班等。我们可以选择其中最适合自己的课程去学习，这是快速提升自己的重要途径。

第三，寻求他人的帮助。

如果仅靠我们自己的力量，或许难以解决自身的弱点，也会在修正弱点时花费大量的精力和时间，不妨试试寻求他人的帮助，这是一条很重要的途径。

比如，我们可以选择自己信任的人，告诉他们自己的困境，听取他们的看法和建议。

天才加油站

刻意练习和不断创新让她大放异彩

达尼埃拉·古拉尼是瑞士的一位花样滑冰名将，她曾经代表瑞士参加世界花样滑冰比赛并获得冠军。但在最初成为一名花样滑冰运动员的时候，达尼埃拉·古拉尼并没有受到教练们的青睐。教练们甚至普遍认为，她并不适合参加这样的运动。这是因为，达尼埃拉·古拉尼个子很矮小，在当时的花样滑冰领域，几乎所有人都认为，选手个子矮小，实际上是一个巨大的劣势，因为裁判和观众很难被这样的选手吸引，想要取得高分几乎是不可能的。于是，很多教练纷纷劝说达尼埃拉·古拉尼趁早放弃。

可达尼埃拉·古拉尼并不这么认为，她努力提高自己的滑冰技能，而且不断创新和突破许多新动作。最后，通过自己坚持不懈的努力，她在花样滑冰赛场上不仅成功地改变了教练们的看法，也赢得了裁判和观众一次次的掌声。

划重点

克服弱点，这是完善自我的一件大事，我们一定要认真对待，不要有丝毫侥幸心理。

许多弱点都不是一时之间出现的，而是经历了长期的发展过程形成的，所以要想解决它，也不是一两天能办到的事。我们一定要耐下心来，做好长期应对的准备。

认识到自身不足是实现自我提升的基础，而采取积极的行动去克服不足则是高效提升自己的关键。

克服弱点其实就是挑战一个旧的、不够优秀的自己。当努力克服弱点之后，我们就会看到一个全新的、更加优秀的自己。

4. 我已经进步了，可他们说我可以更优秀

“之前我的数学成绩不太好，后来经过努力，数学成绩终于提上来了，我很满足。可是，老师却说，以我的潜力还可以更优秀，总是劝我参加一些数学竞赛。我真的不想去参加竞赛啊，听参加过竞赛的同学们说，竞赛题特别难，我可不想去丢脸。更何况，如果竞赛没发挥好的话，岂不是会打垮我好不容易才建立起来的自信心。”

类似的情况和想法，你是不是也有过？

周围的环境是我们熟悉的样子，要做的事还和以前一样，接触的人也没有任何改变……一切都是我们习惯的模式，所以我们做起事来几乎不用思考就可以得心应手地完成，不会有任何压力和挑战，一切都让人感到放松和自在……

可这样的状态又能维持多久呢？一旦周围的环境或外在的压力打破这种现状，我们又该如何应对呢？

这里的草可真好啊，足够我们吃几个月了。
不过我们不能只顾现在，还是要想想冬天来了该怎么办。
这里的草还足够我们再吃一段时间，急什么！
你的性子太急了，等这里的草吃没了再走也不迟啊！
哥哥说，翻过前面的山谷，有一片温暖的阳光草原，趁着现在一路上水草充足，我们赶快出发吧！
我马上要离开这里了，我劝你也早做打算。
唉，现在想走也走不动了，真是后悔当初没听黑头的话。
趁着现在身体强壮，水草丰美，我应该为下一步做打算了。

大师赋能区

走出“舒适区”，遇见更好的自己

心理学上有一种说法叫作“舒适区”，就是指一个人在心理或行为上感到熟悉、安全和舒适的范围或状态。在舒适区内，由于面对的是自己熟悉的环境，或自己确信有能力可以掌控的状态，所以人们会感到放松和自在。

在舒适区内，人们习惯按照固定的思维模式和行为方式去学习、工作和生活。可一旦外界的环境、事物和人际关系发生重大改变，而我们却始终没有进步时，我们就会面临巨大的危机。

如何才能走出舒适区，不断挑战全新的自我呢？

第一，从内心深处做好积极的准备。

接纳并逐渐克服自己的恐惧心理。告诉自己，面对未知的挑战，出现恐惧心理是正常的，但一定要想办法去克服，否则很容易半途而废。

要相信自己的能力。新挑战必然会带来新压力，但只要努力坚持、找对方法，就一定可以克服重重困难，走向成功。

逼自己一把，不要有侥幸心理。告诉自己：如果继续这样下去，我将来会面临更大的困境，所以必须拼尽全力搏一把。

第二，确定要挑战的目标和具体的计划。

根据自己的实际情况去思考以下问题：我要向哪个方向去努力？我要挑战的具体目标是什么？每一个阶段要完成的任务有哪些？

第三，先从小事做起。

当从一些小的改变和进步中尝试到挑战自己的乐趣时，我们就会更有信心面对之后更多、更大的挑战。

第四，挑战和学习两手抓。

在挑战新任务、新目标的同时，我们也要不断学习新的知识和技能，不断扩展自己的视野和思维方式。这本身也是一种学习和进步的过程。

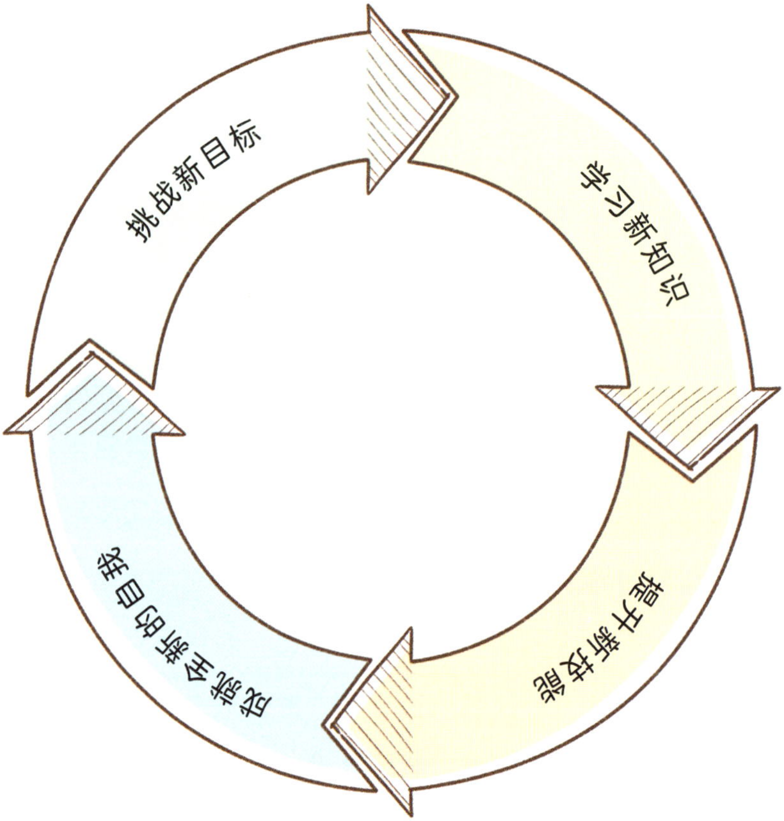

总之，走出舒适区十分必要且重要，但执行起来不可太过急躁，一定要有计划、有目标、有过程、有方法地一步一步去进行。

天才加油站

挑战自我，从打杂工到天才剧作家

年轻时，莎士比亚曾因生活所迫沦为一名剧院的打杂工，主要工作是替客人看管马匹。这份工作做起来很简单，也勉强能够糊口，可是却终日被人瞧不起。莎士比亚不甘心就这样生活下去，于是每天一有空闲就偷偷地从剧院的门缝或窗户上的空隙偷看戏台上的演出。有时他被剧院的看门人发现，只好在看门人的斥骂中再偷偷地换一个地方去看。

后来，他开始尝试着写剧本，可是刚开始就遭到了剧院经理和演员们的讽刺和嘲笑。莎士比亚并不气馁，也没有抱怨，而是继续学习，坚持创作。最后，他终于成为英国最伟大的作家和诗人，被认为是人类文学史上一颗璀璨的明珠，甚至被誉为“人类文学奥林匹斯山上的宙斯”。

如果莎士比亚当时安于现状，和别的剧院杂工一样得过且过，那他最终也只能是浑浑噩噩地生活一辈子，永远也无法体验完成一部文学巨著后的欢欣，也根本不会懂得自己的剧作受众人欣赏的喜悦。

我们每一个人的成长道路其实都是如此，如果陷入舒适区不肯走出来，就永远不能取得进步。成长和进步就是跳出舒适区，重塑全新的自我。不断地主动挑战自己、走出舒适区，我们的人生才会赢得更多主动权。

划重点

长期陷入舒适区，我们会变得日益懒散和消极，人生如逆水行舟，不进则退，无论学习、工作还是生活都是如此。

能力很多时候都是逼出来的，如果不逼自己一把，你可能都不知道自己会变得如此优秀。

走出舒适区固然需要承受很多压力，但当尝试着走出去的时候，你就会发现在有压力和挑战的同时，也会有许多你从未体验过的新乐趣。

如果过去的思维模式太旧了，如果原有的方法失效了，如果以前的行为习惯适应不了新环境了，那就马上去寻找新的。

走出舒适区并不是要放弃所有旧有的东西，挑战自己不是推翻自己，而是真正意义上的提升和完善自己。

5. 别用完美要求自己，我可不要如此“自虐”

“尺有所短，寸有所长”，每个人都有自己的短处和长处。这个道理很多人都懂，可在实际生活中却有许多人常常与自己“较劲”——总是揪着自己的弱点和缺点不放，非要拿自己的短处去和别人的长处进行比较，结果要么感到气馁，觉得自己处处不如人，进而失去学习和做事的动力和信心；要么就是胡乱给自己打气，非逼着自己拿劣势去和别人的优势硬磕，还美其名曰“坚韧不拔”。

无论是现在的学习生涯，还是将来的事业发展，都不是只有一条路可走。俗话说：“条条大路通罗马。”成功的道路有许多条，即使我们在一些方面不如别人，那也不能证明我们就不会成功。如果我们能及时发现自己的优势、找到自己的长处，并尽可能地把这些优势和长处发扬光大，那我们就能攀得更高、走得更远。

大师赋能区

接纳自己的不完美，发现自身的闪光点

清代诗人顾嗣协在他的《杂兴八首之三》中写过这样的佳句：“骏马能历险，犁田不如牛。坚车能载重，渡河不如舟。舍长以避短，资高难为谋。生材贵适用，勿复多苛求。”金无足赤，人无完人，任何时候，我们都不要以完美的标准来要求自己。不过，这也不是让我们满足现状、不思进取。相反，不以完美标准要求自己，恰恰是为了让我们更有信心、更科学地提升自己、成就自己。

具体说来，我们可以这么做。

第一，千万别和自己较劲，要接纳自己的不完美。

如果我们发现，自己在某些方面无论如何努力都不如一些人时，请不要抱怨“凭什么老天爷如此偏爱他”，更不要和自己较劲，自我抱怨“为什么我就这么笨，真是无可救药”！你永远要相信，你不是完美的神，只是一个普通人，所以不够完美是正常的。我们要能沉得住气，勇敢地接纳自己的不完美。

接纳自己的不完美，是一种理性，也是一种勇气。不能接纳自身缺点的人，在学习和工作的过程中都很难禁得起挫折和失败，更容易自暴自弃。能够接纳自身不完美的人，才有机会更好地发现自身的优势，并利用自己的优势取得成功。

第二，进行理性的自我评估，尽早找到自己的优势。

进行有效的自我评估，需要学习一些有用的自我评估方法。比如，我们可以利用下面的表格来进行自我评估。

自我优势评估表

我比较擅长学习哪个科目？

最近一个学期，我取得了哪些成绩？

我的哪些品质是十分出众的？

我有哪些能力是超出一般人的？

我拥有哪些资源可以为我提供支持或帮助？

第三，利用各种机会把自身优势充分发挥出来。

一旦发现了自己的优势，那就要想办法把这些优势进行充分发挥和利用，这样我们的优势会进一步放大，整体的能力和素质也会随之提升。比如，当发现自己更擅长记忆时，我们就可以有意识地利用自己良好的记忆力去记住更多有用的知识。如果遇到演讲、朗诵等活动时，我们就要踊跃参加，一方面可以让自己的记忆力发挥出更大功效，另一方面也可以增强自己的综合实力。

天才加油站

把优点发挥到极致

很多人是在 2004 年希腊雅典残奥会上知道了聋哑人邰丽华，她领舞的《千手观音》震撼了全世界的观众。作为一名舞者，在跳舞时需要与音乐完美配合，然而她却听不到任何声音，更别说听到音乐了。

那么，邰丽华是如何做到在台上呈现出几近完美的表演的呢？

邰丽华从小失聪，听不到任何声音，可是家里人却发现她对细微的震动十分敏感，可以靠地板震动的鼓点来分辨节奏。后来，在学习舞蹈的过程中，她对老师演示的舞蹈动作记得很准、反应也很快，每次领舞老师做出第一个动作时，她马上就能跟着做出第二个动作。

虽然听不见优美的音乐，但她能在巨大的舞台上跳出婀娜的舞姿；虽然与很多正常人相比有先天的不足，但她凭借自己的努力把自身的优点发挥到了极致，最终不仅在舞台上取得了巨大成功，还荣获“全国劳动模范”“全国自强模范”等荣誉称号，并被联合国机构指定为“联合国教科文组织和平艺术家”。

划重点

没有人是完美的，不要用十全十美的标准来要求自己，更不要拿自己的短处去和别人的长处比。

尽早发现自己的优点和长处，越早越好。

要想发现自己的优势，既需要平和的心态，也需要科学的方法，用对方法才能找准优势。

发现自己的优势之后，要尽可能地想办法让它们充分发挥出来，这样你才会越来越自信，能力也会得到提升。

6. 顺势而为，机会来了就别让它白白溜走

反馈是刻意练习的重要环节。它不仅仅是对自我知识、能力、挑战等向内的反馈，还包括自身所处环境和机遇等方面的外在反馈。也就是说，我们不光要知道自己过去做出了哪些成绩，现在拥有哪些能力，未来还可能提高到怎样的水平，而且还要明白哪些事情有助于我们的进步，这些事情对我们来说就是展示能力和提升自我的机会。

有人对此不屑一顾，觉得一心想着展示自己，不就是人们常说的“故意表现”和“爱出风头”吗？如果每天总想这些，岂不是更无法沉下心去提升自己了？

其实，展示自我和提升自己并不是互相矛盾的，它们是相辅相成的。我们将日常潜心学习的成果在合适的时机展现出来，一方面可以得到来自周围人的积极反馈，另一方面也可以通过自我反馈来增强自己的信心，激发自己更多的潜能。

大师赋能区

有了机会要抓住，没有机会要创造

机会总是留给那些有准备的人。我们要想抓住机会展示自己的才能，就要时刻准备着，平时要不断地提升自己的知识和能力。这样才能确保，机会来临时，我们能有足够的实力去把握。

具体来说，我们可以做到以下几点。

第一，保持敏锐，准确识别机会。

机会往往转瞬即逝，即便到来时也很少有人明确地告诉我们“机会到了，你快去迎接”。机会常常会披着各种各样的外衣出现在我们身边，比如一场看上去充满危险的挑战，可能就暗含着一次难得的机会；一项人人都逃避的艰难任务，或许背后就潜藏着巨大的机遇。

这就要求我们平时要对周围的形势、变化等保持足够的敏感度，一旦发现机会来了，就要牢牢把握。

第二，做闪光的金子。

平时进行自我积累时，我们要耐得下心、沉得住气，但当需要展示自己的能力时，我们就要及时绽放光芒。一旦发现机会来临，就要积极主动地抓住。我们千万不要被动地等待机会降临，要懂得从看似没有机会的地方为自己创造机会。比如，主动参加各种可以展示自己能力的活动，增加自己的曝光度，让更多的人了解和发现自己。这样一来，当机会来临时，周围的人就会首先想到你。

第三，突出特色。

想要得到机会的优秀人才有很多，但机会不会公平地分给每一个人。机会当前，我们如何才能从众多优秀人才当中脱颖而出呢？请记住一句话：一定要尽可能地打造自己的特色，保持自己的独特之处，并在合适的时候适时展现出来。

天才加油站 扬长避短，将自己的优势最大化

乔布斯是苹果公司的创始人，从小对电子学有浓厚的兴趣。他在创立苹果公司之前，一度连份工作都没有。后来，他在报纸上看到一家公司招聘电子工程师，尽管当时只是凭借兴趣对电子技术有一些简单的了

解，但为了得到这份工作，他还是大胆应聘。

后来，凭借出色的口才，乔布斯成功入职这家公司，并在工作期间努力钻研电子技术，积累了大量工作经验。后来，当他敏锐地意识到计算机技术将被广泛应用时，他毅然与史蒂夫·沃兹尼亚克一起创办了苹果公司，大胆地推出了一系列当时世界上处于空白领域的创新产品——更新潮和简单易用的苹果电脑，并迅速在市场获得了成功。后来，他们又研发推出了一系列革命性的产品，最终奠定了乔布斯在科技产业的传奇地位。

划重点

机会很狡猾，它既善于“伪装”，又善于隐藏，而且稍纵即逝，所以我们要想抓住它，就要保持敏锐的洞察力，否则即使有再多的机会降临也是无用的。

机会来临时，我们要积极主动，勇敢尝试，千万不要因为害怕挫折和失败就放弃展示自己的机会。

平时要多积累、多努力，机会只青睐有准备的人，有实力的人才能真正抓住机会，如果自己本身没有实力，给再多的机会也是枉然。

明确自己的独特之处，保持自己的特色，会给人留下深刻印象，也更容易把握展示自己的机会。

7. 拒绝自我设限，你的潜能超乎想象

你有多少次因为这样的想法而主动放弃或者错过了机会：

“我不可能跑完 5000 米。”

“我没有数学头脑。”

“我不擅长公开演讲。”

……

面对困难或挑战，为什么有的孩子选择迎难而上，有的孩子却什么都没开始做就先否定自己，告诉自己“我不行”“我不会”“我做不到”……

这些事先否定自己的孩子，除了不自信，还存在自我设限的问题。所谓自我设限，就是孩子内心对自我能力范围的一种暗示，认为自己的能力有限，一旦感觉面对的事情超出自己的能力范围，就是轻易地认输，或是止步不前。

其实，每一个孩子都像一棵结满”无限可能”果实的树。千万不要在成长过程中以任何理由对自己设限。为了实现自身的成长和进步，不妨大胆去尝试、去突破自己，即使异想天开一点儿也没关系。

大师赋能区

化阻力为动力，释放无限的潜能

无论是“我脑子笨，学不会”，还是“我身体弱，做不好”，或是“现在条件还不成熟，我以后再学吧”……这些统统都属于自我设限。不管什么时候，只要你想让自己变得更强大、更优秀，那就要克服这些消极的自我心理暗示，直面未知的恐惧，勇敢尝试和练习，在不断树立的自信心中实现突破。

安德斯 . 艾里克森博士认为，杰出人物往往拥有相同的成长路线，首先是对某件事产生兴趣，然后开始对这件事变得认真，接着开始全力投入，最后通过开拓创新成为行业的专家。所以，在突破自我设限，勇敢地完成了你认为不可能完成的练习后，你就会开发出自己未曾发现的潜能。

可是，假如自我设限已经成了一种习惯，我们该如何才能开启一段努力的新里程呢？尝试以下一些做法，你会受益很多。

第一，乐观看待困难和挑战。

很多孩子之所以会在困难面前为自己寻找各种借口，多半是因为害怕在行动过程中会遇到各种困难和挑战。所以，在开展练习前，一定要培养积极乐观的心态，千万不要“身未动，心先死”。困难和挑战是必然存在的，克服它们才能实现自我成长。

第二，大胆开拓新领域。

面对自己之前没有接触过的新事物，很多人会用“我没有接触过”或者“我不懂”来逃避。为什么要用这些借口来阻碍自己开启新世界的大门呢？世界变化这么快，越是没有接触过的新事物，就越值得我们学习和探索。只有这样，才能克服对未知的恐惧，增加更多的体验，发现自己更多的潜能。

第三，少说“不可能”，多去试一试。

遇到自己之前没有尝试过的事情，尽量不要还没有尝试就以年龄等为借口打退堂鼓。如果心里一直想做，那就去试一试。事情只有先开始，才有继续下去的可能。如果还没开始，你就认为“不可能”，那这件事几乎就不会再有成功的希望了。

天才加油站

除了自己，没有什么能打败你

在《哈利·波特》这一系列作品问世之前，J.K. 罗琳的生活曾经十分困顿，她不仅失去了工作，还离了婚，带着一个年幼的孩子，一度只能靠政府的救济金来维持生计。可是她并没有因此被生活困住，因为她一直有一个梦想，那就是写出一部伟大的作品。为此，她一直在努力坚持写作。

J.K. 罗琳经常一边用脚轻轻晃动着摇篮，一边将创作的灵感记录下来，虽然生活很艰苦，也没有人帮她照顾孩子，可是她并没有因此而抱怨，更没有因此而停止写作。后来，《哈利·波特与魔法石》成功出版，这部诞生于孩子摇篮边的著作受到了全世界读者的欢迎。之后J.K. 罗琳继续坚持写作，又写了《哈利·波特》的系列作品，这些作品不仅使她和女儿的生活发生了翻天覆地的变化，还使她拥有了全世界亿万读者的喜爱。如果 J.K. 罗琳当初困于生活不去突破自己，那就不可能拥有之后的伟大成就。

划重点

不要因为害怕失败就不去尝试，只有努力过，才能把“我不行”变成“我能行”。

培养积极的心态很重要，在做事情之前，不要把困难、失败、挑战等想象得过于可怕，而是把它们当成你成功道路上的基石。这样，你才能站得更高，走得更远。

多接触一些新事物，多探索一些新领域，或许你就会发现自己拥有无限的潜力。